図解 魔術の歴史

F FILES No.048

草野 巧 著

新紀元社

はじめに

　太古の時代の人々は現代人とはまったく違う方法で自然を制御しようとした。農作物を育てるには雨が必要なので、雨が必要な季節になると様々な雨乞いの儀式をして雨を降らせようとした。狩猟の前には、獲物がたくさん獲れるように、動物の格好をして踊ることがあった。病人がいると薬草を用いはしたが、同時に病気をもたらすと考えられた悪霊や悪鬼を追い払うために呪文を唱えたり、武器を振り回したりした。何か悪いことが起こるとそれは誰かが呪っているためだと考え、呪いを払うための呪文を唱えた。そして、憎い相手を殺したいと思えば、その人物に似せた人形を作り、それを燃やして相手を呪ったりした。

　太古の時代の人々が信じていたこうした行動やその考え方は、日本では「呪術」と呼ばれている。「呪術」は「魔術」の一種といってよいが、現在の魔術と比べるとはるかに原始的で単純なもので、魔術の起源といえるものである。つまり、太古の時代に世界中で行われていた呪術が起源となって、魔術が発達してきたということだ。

　呪術が魔術になるためには、当然、呪術にはなかった別な要素が必要だった。それは簡単にいえば新しい思想、宗教、宇宙論などだった。こうした思想、宗教、宇宙論と出会うことで、太古の呪術は変貌し、その時代や地域ごとに、様々な魔術が生まれてきたのである。

　本書『図解　魔術の歴史』は、呪術が新しい魔術となるために必要だったこれらの思想、宗教、宇宙論がどのようなものだったか、いつどこで生まれたか、そしてそれによって魔術はどんな変貌を遂げたかということを、できるだけわかりやすく紹介することを目的にしている。

　結局、魔術の歴史とは、ある魔術が魔術以外の様々な要素やそれまで知らなかった異国の魔術などと出会い、変貌していく歴史である。そして、魔術の歴史を知ることは魔術そのものへの理解を深めるのに大いに役立つと思う。本書が、そのための一助になればとても幸いである。

草野巧

目次

第1章　西洋魔術の源流　7

- No.001　時代とともに変貌する魔術 — 8
- No.002　初期の魔術 — 10
- No.003　天国への道を教える古代エジプトの魔術　12
- No.004　古代の密儀宗教 — 14
- No.005　密儀の創始者オルペウス — 16
- No.006　死後の再生を願うエレウシスの密儀　18
- No.007　イシス＝オシリス密儀 — 20
- No.008　七つの階層を上昇するミトラの密儀　22
- No.009　ピタゴラスの数秘術 — 24
- No.010　ティアナのアポロニウス — 26
- No.011　究極の知恵を求めたグノーシス主義　28
- No.012　グノーシス派の魔術師シモン・マグス　30
- No.013　新プラトン主義と魔術 — 32
- No.014　錬金術を支えたヘルメス主義　34
- No.015　錬金術の誕生 — 36
- No.016　古代の錬金術師たち — 38
- No.017　夢で病気を治すアスクレピオスの魔術　40
- No.018　西洋占星術の起源 — 42
- No.019　古代の占星術師プトレマイオス　44
- No.020　デルポイの神託 — 46
- No.021　古代の降霊術 — 48
- No.022　古代の魔女 — 50
- No.023　時代を画した『夢判断の書』— 52
- No.024　魔術師の祖ゾロアスター — 54
- コラム　「呪術」という太古の魔術の法則　56

第2章　西洋魔術の発展　57

- No.025　中世の西洋魔術 — 58
- No.026　キリスト教と魔術 — 60
- No.027　悪魔祓い — 62
- No.028　ミサの魔力 — 64
- No.029　神学者アルベルトゥス・マグヌスの魔術観　66
- No.030　魔術と悪魔 — 68
- No.031　善なる自然魔術 — 70
- No.032　民間魔術師 — 72
- No.033　国王たちのロイヤル・タッチ　74
- No.034　中世の魔女 — 76
- No.035　ドルイド教とケルトの魔術　78
- No.036　ルーン文字が持つ魔力 — 80
- No.037　ユダヤ人の魔術 — 82
- No.038　モーセの魔術 — 84
- No.039　ソロモン王の魔術 — 86
- No.040　『ソロモン王の遺言』— 88
- No.041　『ソロモン王の鍵』— 90
- No.042　秘教カバラ — 92
- No.043　カバラの奥義「生命の木」— 94
- No.044　ゲマトリアの発展 — 96
- No.045　アラビアの錬金術 — 98
- No.046　ヨーロッパの錬金術 — 100
- No.047　賢者の石 — 102
- No.048　有名な錬金術師たち — 104
- No.049　中世の西洋占星術 — 106
- No.050　天界魔術と『ピカトリクス』108
- コラム　中世の魔術都市トレド — 110

第3章　東洋とその他の魔術　111

- No.051　東洋の魔術 — 112
- No.052　中国魔術と「気」— 114
- No.053　陰陽五行 — 116
- No.054　陰陽で未来を占う中国の易　118
- No.055　風水 — 120
- No.056　仙術 — 122
- No.057　煉丹術 — 124
- No.058　内丹法 — 126
- No.059　気功 — 128

目次

No.060	タントリズム	130
No.061	ヨーガ	132
No.062	チャクラ	134
No.063	チベット密教の魔術	136
No.064	日本の魔術	138
No.065	陰陽道	140
No.066	いざなぎ流の魔術	142
No.067	日本密教の魔術	144
No.068	護摩	146
No.069	修験道の魔術	148
No.070	マナ	150
No.071	ハワイの魔術師カフナ	152
コラム	気と中国医学	154

第4章 魔術の新時代　155

No.072	ルネサンス時代の魔術	156
No.073	ルネサンス期を代表する魔術師アグリッパ	158
No.074	魔術書の中の魔術書『オカルト哲学』	160
No.075	錬金術の変革者パラケルスス	162
No.076	ファウスト伝説	164
No.077	ジョン・ディーとエノク魔術	166
No.078	大予言者ノストラダムス	168
No.079	魔術書の流行	170
No.080	魔術書『ソロモン王の小さな鍵』	172
No.081	ジロラモ・カルダノの観顔術	174
No.082	人相術の進歩	176
No.083	手相術の流行	178
No.084	棒占いでの鉱脈探し	180
No.085	タロット・カード	182
No.086	薔薇十字団の流行	184
No.087	クリスチャン・ローゼンクロイツの伝説	186
No.088	フリーメーソン	188
No.089	驚異の魔術師サン・ジェルマン伯爵	190
No.090	怪しすぎる魔術師カリオストロ伯爵	192
No.091	メスメルと動物磁気	194
No.092	近代高等魔術界最大の偉人エリファス・レヴィ	196
No.093	心霊主義が活気づけた魔術界	198
No.094	ブラヴァツキーと神智学協会	200
No.095	ランドルフとアメリカ儀式魔術	202
No.096	黄金の夜明け団	204
No.097	黄金の夜明け団の位階制度	206
No.098	新魔術の創造者マグレガー・メイザース	208
No.099	20世紀魔術の巨星アレイスター・クロウリー	210
No.100	魔女宗ウィッカ	212
No.101	悪魔教会	214

| 索引 | 216 |
| 参考文献 | 222 |

第1章
西洋魔術の源流

No.001
時代とともに変貌する魔術

古代ギリシア・ローマ時代に興った密儀宗教や神秘的な宇宙観を取り込むことで、太古からの魔術が変貌し、西洋魔術が生まれてきた。

●古代ギリシア・ローマ時代に発する西洋魔術

　魔術の始まりは、人類の始まりと同じくらい古い。初期の魔術はおよそ世界中で似たようなものだった。それは、相手の姿に似せた人形を傷つけて人を苦しめるような、きわめて単純なものだった。その後、世界各地に文明が生まれ、巨大な宗教や文化の基盤となる哲学が生まれてくると、その影響を受けて魔術も変貌し始めた。

　西洋でいえば、古代ギリシア・ローマ時代に興った新しい宗教や宇宙観を取り入れることで、魔術は大きく変貌し、そこから西洋的な魔術が生まれてきた。西洋の高等魔術では、自分自身が超人間的で神的な存在になることが究極の目的とされるが、これは古代ギリシア・ローマ時代に流行した、**エレウシスの密儀**に代表されるような古代密儀宗教の影響が大きかった。宇宙全体が一つの生き物のようなものだとする思想や、宇宙には階層構造があり、上のものと下のものの間に密接な影響関係があるという宇宙観もこの時代に生まれた。その代表が**ヘルメス主義**だが、この宇宙観は西洋魔術を背後から支える最も重要な基本理念となった。バビロニア生まれの**占星術**が、現在のような形に進化したのも古代ギリシアにおいてだった。

　紀元後1世紀に生まれた**キリスト教**からも西洋魔術は影響を受けた。キリスト教は魔術を敵視したが、キリスト教自体が十分に魔術的で、人々はキリスト教と関係あるものには魔力があると信じて疑わなかった。**中世**にはキリスト教は一層力を持ち、異教の世界と争いを繰り返しながら勢力を広げたが、その過程で異教の魔術も西洋魔術の中に入り込んだ。ケルトの魔術、ユダヤの魔術、アラビアの魔術などがそうだ。西洋魔術と**東洋魔術**は無関係にも見えるが、近代以降の西洋魔術は東洋魔術からも積極的に学ぶようになり、さらなる変貌を遂げた。

魔術の変貌

魔術は人類の誕生とともにあり、その後、人類の進歩に合わせて、様々な哲学、宗教、異教の魔術などを取り入れて変貌してきた。

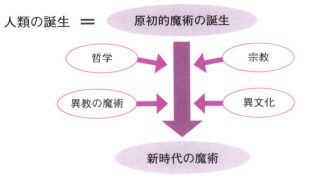

様々な魔術を取り込んだ西洋魔術

西洋魔術は古代ギリシア・ローマ時代の思想や宗教、キリスト教、ケルトやユダヤなど異教の魔術を取り入れて、現在の形になった。

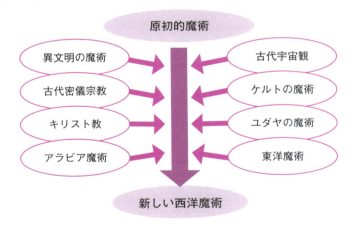

【関連項目】
- エレウシスの密儀→No.006
- ヘルメス主義→No.014
- 占星術→No.018／No.049
- キリスト教→No.026
- 中世→No.025
- 東洋魔術→No.051

No.002
初期の魔術

魔術は太古の時代からあった。それは単純な魔術だったが、基本的な魔術であり、魔術がどんなに発達した時代でも失われずに生き残った。

●後世まで生き残った初期の魔術

　初期の魔術は現在の魔術に比べればとても単純なものだった。しかし、古くて単純だからといって軽んじてよいわけではなく、後々の時代までも最も基本的な魔術として生き残った。

　このような魔術の一つに人形を使った魔術がある。相手に似せた人形を作り、それに針を刺したりして、人を苦しめたり、病気を治したりするのである。人形はどんなもので作ってもよかったが、後代のヨーロッパで最も一般的に用いられたのは蝋人形だった。

　毛髪、爪、歯、血、唾などを用いた魔術も太古の時代から世界中で行われていた。ある物の一部だったものは、本体から切り離された後でも、本体に対して魔術的な影響力を持つと信じられていたからだ。それで、人に魔法をかけたい魔術師は、魔法をかけたい相手の毛髪や爪などを密かに集め、火で燃やしたり鉄鍋で煮たりするのである。あるいは、人形の魔術を行うときに、その人形の中に人物の髪、爪、血などを練り込むのだ。

　名前の魔術も古くからある基本的な魔術だった。魔術の世界では、名前はただ単に誰かを指示する言葉ではない。名前にはそのものの本質が宿っており、ある意味で相手の毛髪や爪よりも重大なものだった。したがって、たとえその人の毛髪、爪、血液、唾液などが手に入らなかったとしても、名前だけでもわかれば、その人に魔法をかけることができた。たとえば、古代ギリシアやローマでは、陶器の破片に、憎い相手の名前と呪いの言葉を一緒に書いて地中に埋め、人を呪う習慣があった。また、名前の上に釘を打って人を呪う習慣もあった。

　このような魔術は太古の時代に世界中で行われていたもので、当然ヨーロッパにも存在していた。そして、後世のあらゆる魔術の基本となった。

基本的な初期の魔術

初期の魔術 基本的で単純な魔術

・相手に似せた人形を作り胸に釘を打ちつける。

人形の材料は何でもよかったが、後代のヨーロッパでは蝋人形がよく用いられた。

・毛髪・爪・唾・血など相手の身体の一部だったものを焼いたり煮たりする。

人形の魔術を行うとき、その人形の中に相手の毛髪・爪・唾・血などを練り込むこともよく行われた。

魔法をかけたい相手

・相手の名前を書いて釘を打ちつけたり、呪いの言葉を書き込む。

古代ギリシアやローマでは、陶器の破片に、憎い相手の名前と呪いの言葉を一緒に書いて地中に埋めた。

初期の魔術は単純で、世界のどこでも似たようなものだったが、魔術の基本となっていつまでも生き残った。

No.002　第1章●西洋魔術の源流

No.003
天国への道を教える古代エジプトの魔術

古代エジプトでは死後に天国で再生できるように、死体をミイラ化したり、『死者の書』や様々な護符を死者と一緒に埋葬した。

●死後の再生を保証する『死者の書』や心臓の護符

　古代魔術の大きな役割の一つは死者たちの死後の幸福を確保することだった。とくに古代エジプトにおいて、この種の魔術が大いに発達した。古代エジプト人の信仰では、死者たちは死後の幸福を得るために冥界で裁判を受けなければならなかった。この裁判を主宰したのは当初はラー神だったが、やがてオシリスが冥界の神として死者を裁くというスタイルが第18王朝（紀元前1500年頃）頃までに完成した。

　死後の審判は、冥界にあるオシリスの法廷で、神の秤(はかり)で死者の心臓を計量することで行われた。秤は両側に皿を持つ天秤(てんびん)状の秤で、法廷のホールの中央にあり、「ラーの秤」とか「真理の秤」と呼ばれた。死者から心臓を受け取ったアヌビス神は、それを一方の皿に載せる。秤のもう一方の皿には真理の象徴である女神マアトの羽毛が置かれる。ここで、秤が釣り合えば、死者は救われ、永遠の生命を手に入れる。しかし、もしも秤がどちらかに傾けば、秤の横で様子を窺っていた怪物アメミットが、すぐにその心臓を飲み込んでしまい、死者はこの世から本当に消滅するのである。

　しかし、古代エジプト人たちは、死者は様々な呪文の力で**オシリス**の好意を得ることができると信じた。このため死者の家族は、死者がこの世と同じ姿で再生できるように、死体をミイラ化したり、様々な魔術的儀式を行った。死者が重要な呪文を忘れないように、墓の壁や石棺内に呪文を彫ったり、パピルスに呪文を記した巻物を死者とともに埋葬した。これが『死者の書』と呼ばれるものだった。また、ラーの目を模したウジャトや、カブト虫の形をしたスカラベなどの護符を死者に与えた。死者の身体をミイラにするとき、内臓を取り出した後で、ラピスラズリでできた「心臓の護符」を死者の心臓の位置に置くこともあった。

埋葬の魔術を発達させた古代エジプト人

古代エジプト人 ＝

死後に**天国で再生**することを理想にする。

死者の**埋葬の魔術**を発達させる。

埋葬の魔術の方法

古代エジプト人は死者を埋葬するのに様々な魔術的儀式を行った。

死体をミイラ処理する。

心臓をカノプス壺に納める。

ミイラの心臓部分にラピスラズリの護符を置く。

棺に呪文を彫り、呪文の巻物を納める。

ウジャト、スカラベなどの護符を一緒に埋葬する。

これで安心…。

関連項目

●オシリス→No.007

No.004
古代の密儀宗教

密儀宗教は高等魔術と同じように自己の発見や神的力に目覚めることを目的にした宗教で、古代ギリシア・ローマ世界で大いに流行した。

●神的な力に目覚めるための祭儀と儀式の宗教

　いわゆる高等魔術とは自分自身を神にするための魔術だが、古代のギリシア・ローマ世界でも数多くの宗教的、魔術的集団が真の自己の発見や、自分自身が神となる道の探求に熱中した。密儀宗教はそれらの中でも最も目立った存在だった。

　有名な密儀宗教としては、**エレウシス密儀、ディオニュソス密儀、オルペウス密儀、イシス＝オシリス密儀、ミトラ密儀**、キュベレ密儀などがあった。これら密儀宗教の特徴は、その信仰の中心に部外者には秘密の祭儀・儀式があることだった。つまり、観念的で哲学的な教説を学ぶことではなく、祭儀・儀式に参加することで特別な宗教的経験をすることが目標だった。そこでは志願者は連続するいくつかの試練を通して最奥の秘儀に参入できるとされた。最後の試練は普通、冥界への旅といわれる死の試練だった。こうした魔術的な試練を通過することで、参入者は生まれ変わり、過去の動物的自己から解放され、神的な力に目覚めるとされたのである。

　祭儀・儀式の内容は部外者には秘密だったのでほとんど知られることがなかった。だが、それぞれの密儀ごとに実に様々なタイプがあったといわれている。たとえば、ディオニュソス密儀は非常に激しく凄惨で、信者たちが野山で乱舞したり、葡萄酒を飲んで魂を肉体から解放したり、生肉食を行ったりしたという。オルペウス密儀はその反対に静かで知的なものであり、瞑想や音楽の喚起力によって神的熱狂に導かれたという。西洋世界における密儀宗教の影響は非常に大きなもので、宇宙の創成は音階に基づいて行われたと説いた哲学者**ピタゴラス**はオルペウス密儀の流れを汲んでおり、さらにその系譜の中にプラトン、プロティノス、アウグスティヌスが登場し、西洋神秘主義の本流が形成されたといわれている。

神への道を探求した密儀宗教

古代密儀宗教 真の自己の発見・神となる道の探求を目指す。

古代の有名な密儀宗教

- エレウシス密儀
- オルペウス密儀
- ミトラ密儀
- ディオニュソス密儀
- イシス＝オシリス密儀
- キュベレ密儀

特徴

- 部外者には秘密の祭儀・儀式がある。
- 祭儀・儀式に参加し、特別な宗教的経験をする。
- 志願者は連続するいくつかの試練を通して最奥の秘儀に参入できる。

対照的な古代密儀宗教

古代密儀宗教には様々なタイプがあった。

激しく、凄惨
ディオニュソス密儀

静か、知的
オルペウス密儀

乱舞・飲酒・生肉食…。

音楽、瞑想…。

この系譜にピタゴラス、プラトンなどが登場し、西洋神秘主義の本流になる。

関連項目
- エレウシス密儀→No.006
- オルペウス密儀→No.005
- イシス＝オシリス密儀→No.007
- ミトラ密儀→No.008
- ピタゴラス→No.009

No.005
密儀の創始者オルペウス

オルペウス教はギリシア神話中で音楽の魔力を象徴する英雄オルペウスを開祖とし、禁欲的・観念的な方法で神性を持つ霊魂の解放を目指した。

●禁欲的で観念的だったオルペウス教

　オルペウスはギリシア神話中で最高の音楽家にして詩人だとされている英雄だが、古代世界の人々はオルペウスをすべての予言の父であり、すべての密儀の創始者だと考えていた。

　神話のオルペウスは父アポロンと同じ7弦の竪琴を演奏し、その音楽によって森羅万象を支配する魔術的力を与えられていた。オルペウスは宇宙のすべての段階の被造物を結びつける共感と調和の法則を理解し、それを利用できた。オルペウスの力は野獣、植物、冥界に住む死者にまで及んだ。オルペウスはその音楽と歌で川の流れを止め、山を動かし、冥界を旅し、死者を復活させることもできた。しかし、トラキア地方の女たちはオルペウスを誘惑しても振り向かないのを怨み、あるディオニュソスの祭りのときに、狂乱のうちに彼を八つ裂きにし、川に投げ込んだ。バラバラになったオルペウスの肉体は川から海に出たが、そこでも歌を歌っていたという。

　オルペウスは実在した人物ともいわれており、トラキアに住み、ディオニュソス信仰の内部における改革者だったという説がある。

　このオルペウスを開祖として、紀元前6世紀頃のギリシアに興った秘教的宗教がオルペウス教だった。

　オルペウス教はディオニュソス教と同じように人間の霊魂が神性を持つと信じた。しかし、光である霊魂は輪廻転生を繰り返す地上的な肉体に閉じ込められていると考え、そこからの解放を目指した。その方法は狂乱的だったディオニュソス教とは対照的に禁欲的・観念的・知的であり、禁欲主義や菜食主義などの道徳律や秘儀的儀式、音楽の喚起力などによるものだった。**ピタゴラス**はこの系統を受け継いだ哲学者であり、ピタゴラスの学院ではオルペウス的態度が重んじられていた。

オルペウスとは？

オルペウス →
- ギリシア神話の英雄。
- 7弦の竪琴の名手。
- 音楽で森羅万象を支配する魔力を持つ。
- 死者を復活させる力もある。

オルペウス教の特徴

オルペウス教 →
- 古代ギリシアの密儀宗教。
- オルペウスが開祖とされる。

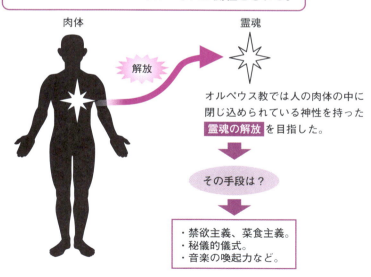

オルペウス教では人の肉体の中に閉じ込められている神性を持った 霊魂の解放 を目指した。

↓

その手段は？

↓

- 禁欲主義、菜食主義。
- 秘儀的儀式。
- 音楽の喚起力など。

関連項目
- ピタゴラス→No.009

No.006
死後の再生を願うエレウシスの密儀

女神デメテルとペルセポネを祭るエレウシス教は最も有名な古代の密儀で、紀元前15世紀頃からローマ帝国末期まで2000年間も続いた。

●2000年も続いた密儀宗教

　古代ギリシアのエレウシスの密儀は豊穣の女神デメテルとその娘ペルセポネに捧げられた魔術的儀式で、紀元前15〜16世紀頃からローマ帝国末期までの2000年間も続いた。それは死後の復活、来世の幸福を保証するものだったといわれている。

　神話によれば、ペルセポネは冥界の神ハデスに誘拐され、その妻となった。デメテルは激怒し、天界から地上に降り、**エレウシスの町**に彼女を祭る大神殿を築かせ、その中に籠った。すると、ギリシア中の穀物は枯れ果て、動物も死に絶えた。最高神ゼウスは困り果て、ペルセポネをデメテルのもとに返させた。しかし、ペルセポネはすでに冥界のザクロの実を食べていたので、1年の3分の1は冥界で暮らさなければならなくなった。このため、地上の植物はペルセポネが冥界にいる冬の間は死に絶え、天界に戻る春になると成長を始めるのだという。

　密儀の儀式は年に2回あった。一つは小儀式で春に行われ、デメテルに豚の犠牲を捧げ、秘儀参入者を清める儀式が行われた。

　もう一つは大儀式で秋に行われた。これは8日間続いた。最初の日にエレウシスからアテネに聖なる供物が運ばれた。次の日、司祭によって儀式の開始が宣言された。3日目には秘儀参加者はアテネ郊外の海で若い豚と一緒に身体を清め、4日目から断食を開始した。5日目、人々は聖なる道を通って木の枝を振りながらエレウシスに行進した。そして、清めの済んでいる若い豚をデメテル神殿に捧げた。6日目、7日目に、秘儀参入者は秘儀堂「テレステリオン」に入ったが、ここで何が行われたかは秘密にされた。この儀式が終わった翌朝の、最後の日の朝に牡牛の犠牲が捧げられた。そして、秘儀参入者たちは死者たちに酒を捧げたといわれる。

エレウシスの密儀

エレウシスの密儀とは

・女神デメテルとペルセポネを祭る宗教。
・死後の復活、来世の幸福を保証。
・古代ギリシア・ローマ時代に2000年間も続いた。
・密儀の儀式には、**春の小儀式**と**秋の大儀式**があった。

春　小儀式

デメテルに豚の犠牲を捧げ、秘儀参入者を清める儀式。

秋　大儀式

デメテル神殿に供え物を捧げ、アテネの海で身体を清め、秘儀堂に籠るなど、8日間続く大々的な儀式。

- 1日目 アテネに聖なる供え物を運ぶ。
- 2日目 司祭が儀式の開催を宣言する。
- 3日目 秘儀参加者は若い豚と一緒に海で身を清める。
- 4日目 秘儀参加者が断食を開始する。
- 5日目 聖なる道を通ってエレウシスに行進。
- 6・7日目 秘儀堂で秘密の儀式を行う。
- 8日目 牡牛の犠牲を捧げ、死者に酒を捧げる。

用語解説
●**エレウシスの町**→アテネ北西25キロほどにあった小さな町で、農業を営み、小麦と大麦を生産していた。

No.007
イシス＝オシリス密儀

イシスは古代エジプトの冥界神オシリスの妻だが、プトレマイオス王朝時代には絶大な力を持つ女神となり、オシリスとともに密儀的に崇拝された。

●アプレイウスの『黄金のロバ』が語る密儀

　オシリスとイシスは古代エジプト神話の男神と女神である。オシリスは中王国時代（紀元前2000年頃）に大いに信仰された冥界の神。イシスはその妻だが、各地の女神の力を取り込むことで、プトレマイオス王朝時代には、エジプトだけでなくヨーロッパや西アジアでも絶大な力を持つ大地母神的な女神に成長し、密儀的に信仰されるようになっていた。

　その密儀がどのようなものだったか正確には伝えられていないが、古代ローマの作家アプレイウスの『黄金のロバ』にイシス＝オシリス密儀のうちイシス密儀への参入の場面が描かれている。主人公ルキウスは魔術でフクロウになろうとし、誤ってロバの姿になってしまう。その彼が遍歴の旅の果てにケンクレイアの港で眠り込んだ夜のこと。夢に女神イシスが現われて、救済される方法を告げた。翌3月5日、イシス航海祭の行列が繰り出し、ルキウスは行列の中心にいた大神官の持つ薔薇の花輪を飲み込む。同時にルキウスの身体はロバから人間に戻るが、彼はそのまま行列に加わり、イシス神殿に到着する。その後、彼は神官たちと女神に奉仕する毎日を送った後、イシス密儀を受けることになる。ルキウスは斎戒沐浴し、10日間、肉と酒を断つ禁欲生活を送ってから密儀参入を果たす。密儀の内容については秘密であるため、彼は大雑把に次のようなことだけを語る。

　「私は黄泉の国に降りて行き、プロセルピナの神殿の入り口をまたぎ、あらゆる要素を通ってこの世に還ってきました。真夜中に太陽が晃々と輝いているのを見ました。地界の神々にも天上の神々にも目のあたりに接して、そのお膝元に額ずいてきました。」（呉茂一・国原吉之助訳）

　このことから、イシス＝オシリス密儀もまた死の試練を経て新しい自己に生まれ変わることを目指したものだったと想像できるのである。

イシス=オシリス密儀とは何か？

イシス=オシリス密儀
・古代エジプトの冥界神オシリスとその妻イシスを祭る密儀。
・イシス密儀とオシリス密儀がある。

 イシス密儀

『黄金のロバ』によると、イシス密儀は次のように行われた。

① イシス航海祭の行列に参加する。

② イシス神殿で奉仕の日々を送る。

③ 密儀参入が決まったら、斎戒沐浴後、10日間禁欲生活を送る。

④ 密儀に参入し、死の試練を経て生まれ変わる経験をする。

 オシリス密儀

『黄金のロバ』の主人公ルキウスは、イシス密儀を受けてから一定の期間ののちにオシリス密儀を受けたという。

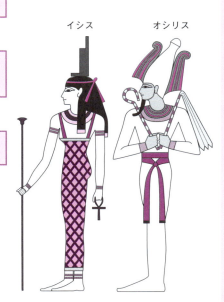

イシス　　オシリス

No.008
七つの階層を上昇するミトラの密儀

古代ローマで流行したミトラ教には7惑星に対応した7位階があり、入信者は禁欲、苦行、各種の儀礼を経験しながら、その位階を上昇した。

●星辰界を通過して神の世界を目指す

　古代ローマでは4世紀にキリスト教が公認宗教となる以前の2世紀間近く、ミトラ教が大きな勢力を持っていた。ミトラ教はペルシア起源の光の精霊ミトラ（ミスラ）に対する信仰とバビロニアの占星術が結びついたような宗教である。

　その教義によれば、霊魂の最初の住処は神々の住む天上界つまり最高の天界である「恒星天」だった。その後、霊魂は物質に閉じ込められて地上に降下して生命を得るが、その途中の天球を通過しながら七つの惑星の性質を身につけるのである。すなわち、「土星」では怠惰な傾向を、「木星」では野心的願望を、「火星」では戦闘的な血気を、「太陽」では知的能力を、「金星」では性欲を、「水星」では強烈な欲望を、「月」では生命力と活力を。

　このため、霊魂の使命は、生前も死後も、それぞれの天において各惑星の性質を脱ぎ捨て、崇高な存在となって「第八天（恒星天）」に入り、そこで永遠の光に包まれて神々とともに暮らすことだとされた。

　だが、どんな霊魂でも第八天へ上れるわけではなかった。宇宙には天に属する善霊と地獄の**アフリマン**に属する悪霊がおり、人の霊魂の所有権を争っていた。さらに、天上界への途中にある各天には一つずつ、合計八つの門があり、**アフラ・マズダ**の天使が八つの門を見張っていた。

　これらの門を通過できるのはミトラ密儀の入信者だけだった。入信者には七つの惑星に対応する七つの位階があった。位階の称号は下から順に「烏」、「花嫁」、「兵士」、「獅子」、「ペルシア人」、「太陽の使者」、「父」である。新入信者はまず最下位の烏の位階に属し、上級者の指導の下、長期にわたる禁欲と苦行、禊や贖罪劇といったいくつもの神秘的な儀礼を経験しながら位階を上昇し、最終的に神の世界に到達するとされたのである。

ミトラの密儀とは何か？

ミトラの密儀 ➡ 古代ローマで流行したミトラ神を祭る密儀。

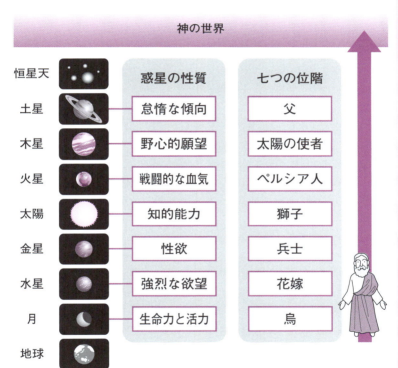

ミトラ密儀には7惑星に対応した7位階があり、入信者は「烏」の位階から、禁欲や苦行、各種儀礼を経験しながら、位階を上昇し、神の世界を目指す。

用語解説
- **アフリマン**→アンラ・マンユともいう。古代ペルシアのゾロアスター教の悪魔で、最高神アフラ・マズダと完全に独立した悪の原理。
- **アフラ・マズダ**→古代ペルシアのゾロアスター教の最高神で、善なる神。

No.009 ピタゴラスの数秘術

紀元前6世紀頃、古代ギリシアに登場した哲学者ピタゴラスは、宇宙は数によってできていると主張し、近代的な数秘術の基礎を作った。

●近代数秘術の基礎を作ったピタゴラス

　数秘術は名前の文字などを数字に置き換えて計算し、それによって未来や人の性格を判断する占術である。ユダヤ教神秘主義**カバラ**の「ゲマトリア」という占いも数秘術の一種である。

　数秘術は紀元前数千年からあるが、近代数秘術の基礎を作ったのは、通説によれば古代ギリシアの哲学者ピタゴラス（紀元前570年頃～前495年頃）である。このため、ピタゴラスは「近代数秘術の父」と呼ばれている。ピタゴラスは小アジアのサモス島で生まれ、南イタリアのギリシア植民地クロトンに移住し、秘密結社（ピタゴラス教団）を作った。また、ピタゴラスは軌道上を回る七つの惑星はそれぞれが独自の音を出し、そのハーモニーは宇宙の調和につながっていると考えた。そして、現在のドレミの基本になるピタゴラス音階を定めたといわれている。

　ピタゴラスとその弟子たちはその思想を書き残さなかったが、紀元前1世紀頃にピタゴラス主義の復興が起こった。その考えによれば、宇宙は数によってできているが、数は物体よりも古くから存在し、より強力だとされた。世界は数学的に設計されており、全体が比例によって調和するように計算されている。星の大きさや重さ、間隔にも数の神秘が宿っている。世界が美しく、秩序があるのはそのためなのである。

　ピタゴラス学派の人々にとって数には生命があり、神の本質となるものでもあった。たとえば、4はヘルメスとディオニュソス、6はアフロディテ、7はアテナ、10はアトラスに相当するとされた。ピタゴラス学派の考え方は近代の数秘術師にも継承され、数にはそれぞれ特別な意味があるとされている。1＝能動的、2＝受動的、3＝聡明、4＝鈍重、5＝多面的、6＝単純、7＝秘密、8＝世俗的、9＝精神的という具合である。

近代数秘術の起源

- 数秘術
  - 文字を数字に置き換え、未来や性格を判断する占術。
  - 紀元前数千年からある。

- ピタゴラス
  - 古代ギリシアの哲学者。
  - 近代数秘術の基礎を作る。

- ピタゴラス学派
  - ピタゴラスの弟子たちの学派。
  - ピタゴラスの数秘術を発展させる。

近代的な数秘術へと発展する。

ピタゴラスの数秘術

- 宇宙は数によってできている。
- 数は物体よりも古く、強力。
- 世界は数学的に設計され、全体が比例によって調和している。
- 星の大きさや重さ、間隔にも数の神秘が宿っている。

だから…。

世界は美しく、秩序がある。

関連項目
- カバラ→No.042

No.010 ティアナのアポロニウス

ティアナのアポロニウスは紀元後1世紀頃にローマ帝国内で活躍したピタゴラス学派の聖人で、西洋世界の偉大な魔術師の一人に数えられている。

●ピタゴラス哲学を学んだ魔術師

　ティアナのアポロニウスは紀元後1世紀頃にローマ帝国内で活躍した**ピタゴラス学派**の聖人である。フィロストラトスによって220年頃に書かれた伝記によって、西洋世界の偉大な魔術師の一人として有名になった。

　その伝記によれば、アポロニウスが小アジアのティアナで生まれたとき、空で稲妻が一瞬停止し、それから消えたという。彼は菜食主義者で、簡素な身なりをし、5年間女性との関係を断ち切って支配できないものを支配する力を身につけた。ピタゴラスの哲学を学び、真の自己を発見した。インドで**バラモン**に学び、エジプトで聖者に学び、バビロニアで祭司に学んだ。インドに旅したとき、エムプサという化け物に出会ったが、アポロニウスがののしるとエムプサは逃げ出したという。ギリシアではトロフィニオスの洞窟から冥界に下った。輪廻転生を信じており、さらし者になっていたライオンがかつてはエジプト王だったことを見抜いた。奇跡の**ヒーラー**でもあり、エフェソスの町からペストを追い払ったこともあった。彼は未来を見通すことができ、テレパシー能力があり、ある場所から別の場所に一瞬で移動することもできた。

　とくに有名なのは、アポロニウスが吸血鬼ラミアを退治した話である。あるとき、アポロニウスの門人の一人メニッポスが結婚することになった。結婚式に招待されたアポロニウスはすぐにも花嫁が怪物であり、用意された装飾品などのすべてがまやかしであることを見抜いた。アポロニウスは確認のため、銀の食器を手に取った。すると、それは手の中ですぐにも軽くなり、消えてしまった。さらに、彼が呪文を唱えると料理人や召使いまでがホコリになって消えてしまった。ラミアは観念し、もうこれ以上苦しめないでくれといってすべてを白状したという。

アポロニウスの活躍

アポロニウス

・紀元後1世紀にローマ帝国内で活躍。
・西洋の偉大な魔術師の一人。
・ピタゴラス学派の聖人。

出身	・小アジアのティアナ生まれ。
経歴	・菜食主義、禁欲主義で魔力を身につける。 ・ピタゴラスの哲学を学ぶ。 ・インドでバラモンに学ぶ。 ・エジプトで聖者に学ぶ。 ・バビロニアで祭司に学ぶ。
能力	・未来予知、テレパシー能力、瞬間移動、病気治しなど。
活躍	・インドで怪物エムプサを退治する。 ・ライオンの前世がエジプト王だと見抜く。 ・吸血鬼ラミアのまやかしを見抜く。

エムプサ

古代ギリシア神話の女の怪物。片足はロバの足、もう一方は青銅でできていた。

ラミア

古代ギリシア神話の吸血鬼。洞窟に籠り、赤子を喰った。美しい女の顔と乳房を持ち、ほかは獣の姿をしていた。

用語解説／関連項目
- バラモン→インドのバラモン教やヒンズー教の司祭階級のこと。カーストという階級制度の最上位に位置している。
- ヒーラー→ヒーリング（病気治し）の能力を持つ魔術師あるいは超能力者。
- ピタゴラス学派→No.009

第1章●西洋魔術の源流

No.011
究極の知恵を求めたグノーシス主義

グノーシス主義では肉体や宇宙を霊を閉じ込める牢獄と見なし、究極の知恵を手に入れることでそこから解放され、神の世界へ復帰できると信じた。

●宇宙という牢獄からの解放

　グノーシス主義は2～3世紀頃に東地中海地域で流行し、初期キリスト教を脅かした宗教運動である。ヘルメス・トリスメギストスが語ったとされる**ヘルメス主義**もグノーシス主義から大きな影響を受けている。また、西洋の**錬金術**では**賢者の石**を象徴するのにウロボロスの姿を用いる。ウロボロスは自分の尾をくわえて円形になっているヘビのことだが、このヘビはもともとグノーシス主義者が崇拝していたものだった。

　グノーシス主義の特徴は徹底的に反宇宙的ということで、人間が暮らすこの宇宙は人間の霊を閉じ込める牢獄だと考えた。

　宇宙（コスモス）というのは古代ギリシアに発生した観念で、最高の宗教的尊厳を持つものだった。しかし、グノーシス主義者はそう考えない。彼らは真の至高神からアイオーンと呼ばれる神々が生じ、この中の一人が堕落してデミウルゴス（創造主）となって世界を創造したと見なした。それゆえ、宇宙に存在するものはすべて邪悪なのであって、人間の肉体や魂も例外ではない。ただ、人間の中の霊だけが真の至高神とつながる存在であって、この霊は宇宙という巨大な地獄、人間の肉体と魂という牢獄に閉じ込められているのである。ここで、一般的な**七つの天**は牢獄の壁のようなもので、7人のアルコーン（支配者）だといわれる。つまり、アルコーンとは人間の霊が牢獄を逃れて上昇しようとするのを邪魔する存在である。

　それゆえ、グノーシス主義では物質的世界に閉じ込められた霊を救済する必要があるとされるが、救済には至高神が啓示した究極の「知恵、認識」（グノーシス）が必要だった。つまり、知恵と認識を得た魂は眠りから覚め、肉体と魂から解放され、宇宙の中を上昇し、ついに至高神のいる光の領域に復帰することができるのである。

グノーシス主義の特徴

グノーシス主義 ➡
- 知恵（グノーシス）の獲得による、霊の解放を目指した宗教運動。
- 宇宙は霊を閉じ込める牢獄だと見なす。
- 紀元後2～3世紀頃、東地中海地域で流行。
- ヘルメス主義にも影響を与えた。

グノーシス主義の宇宙観

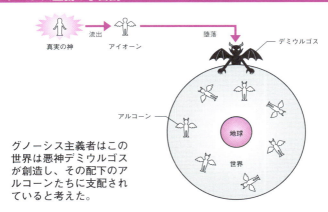

グノーシス主義者はこの世界は悪神デミウルゴスが創造し、その配下のアルコーンたちに支配されていると考えた。

グノーシス主義による救済

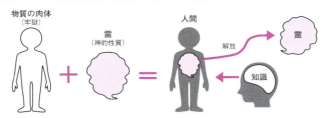

神的な霊が物質の肉体に閉じ込められているのが人間であり、グノーシス（知恵）を得ることで、霊は肉体、つまり牢獄から解放されるという。

用語解説／関連項目
- 七つの天→古代には、宇宙には七つの天があり、その上を、月、水星、金星、太陽、火星、木星、土星が移動すると考えられた。その外側に星々のある恒星天があり、それが神の世界だった。
- ヘルメス主義→No.014
- 賢者の石→No.047
- 錬金術→No.015

No.012
グノーシス派の魔術師シモン・マグス

シモン・マグスは1世紀の魔術師で、イエスと同じように様々な奇跡を起こしたが、キリスト教徒から邪悪な魔術師として糾弾された。

●悪魔が起こす奇跡の担い手

『新約聖書』の「使徒行伝」にも登場するシモン・マグスはモーセ、ソロモン、イエスなどに匹敵する可能性を持った紀元後1世紀の魔術師である。彼はサマリア人でグノーシス派に属していたといわれる。シモンは病気治し、死者の復活、霊の召喚、変身、空中飛行など様々な魔術を使い、サマリアで神として崇拝され、ローマでも人々に感銘を与えた。彼は一度はキリスト教徒となったが、金で聖霊の力を買おうとして追放されたことがあり、キリスト教徒は彼を教会の危険な敵、異端の祖として糾弾した。

『**黄金伝説**』「第84章　使徒聖ペテロ」に、シモンがネロ皇帝を幻惑魔法で欺いた話がある。それによると、シモンはあるときネロ皇帝に「仁慈なる皇帝陛下、わたしがほんとうに神の子であることを知っていただくために、わたしの首をはねよと部下にお命じください。そうしますれば、三日後に復活してごらんに入れましょう」（前田敬作・山口裕訳）といった。そこで、皇帝は刑吏にシモンの首をはねるように命じたが、刑吏がシモンの首だと思って打ち落としたのは実は牡羊の首だった。そして3日後、シモンが生きた無傷の姿で現われたので、ネロ皇帝はびっくりし、本当に彼は神の子だと信じた。しかし、そこに**使徒ペテロ**がやってきて、すべてが暴かれた。シモンの復活はただの幻惑であり、何もかもが悪魔が出現させたイリュージョンだったという。

4世紀頃になるとシモンはグノーシス主義者ではなく、単なる魔術師で、すべての異教徒の父と見なされるようになった。イエスもシモンも生きていた間は同じように奇跡を行うものとして有名だった。しかし、キリスト教徒は**イエスの奇跡**は唯一神に由来するのに対し、シモンの魔術は悪魔に由来すると見なした。

シモン・マグスとは？

シモン・マグス
- 新約聖書『使徒行伝』に登場。
- 1世紀のサマリア人魔術師。
- キリスト教に敵視される。

シモン・マグスの魔法

シモン・マグス

シモンの使った魔法
- 病気治し
- 死者の復活
- 霊の召喚
- 変身
- 空中飛行

魔術師シモンはいろいろな魔術を使った。『黄金伝説』によれば、シモンはネロ皇帝の前で下のような幻惑魔法を使ったという。

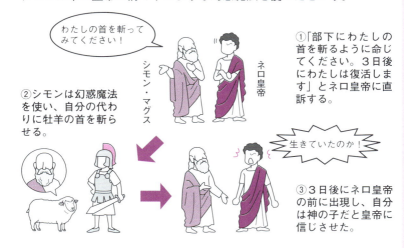

わたしの首を斬ってみてください！

①「部下にわたしの首を斬るように命じてください。3日後にわたしは復活します」とネロ皇帝に直訴する。

②シモンは幻惑魔法を使い、自分の代わりに牡羊の首を斬らせる。

生きていたのか！

③3日後にネロ皇帝の前に出現し、自分は神の子だと皇帝に信じさせた。

用語解説／関連項目
- 『黄金伝説』→13世紀に作られたキリスト教の聖人伝説集で、中世ヨーロッパで広く読まれた。ヤコブス・デ・ウォラギネの作。
- 使徒ペテロ→イエス・キリストに従った12人の使徒（高弟）の一人。
- イエスの奇跡→No.026

No.013 新プラトン主義と魔術

3世紀の哲学者プロティノスに始まる新プラトン主義は徐々に魔術的色彩を強め、ルネサンス時代の魔術思想にも多大な影響を与えた。

●霊を召喚し神とひとつになる

3世紀の**ヘレニズム世界**で、エジプト出身の哲学者プロティノスは古代ギリシアの哲学者**プラトンの思想**を独自に発展させ、新しい体系を打ち立てた。こうして成立したのが新プラトン主義だった。

新プラトン主義の本質は、宇宙は階層構造を持つということだった。それによれば、宇宙は完全無欠の神、つまり「一者」から生まれた。「一者」から「知性」が発出し、「知性」から「魂」が発出した。「魂」がこの世界の生物や物体を構成するが、それが無へと消えていく最低階層として「質料」（素材としての物質）があった。

しかし、この世界を構成する「魂」には「一者」の本質が含まれており、これまでの流出の過程をさかのぼって、始原の「一者」に復帰することも可能である。「魂」は下方の感覚的世界に落ちることもできれば、上方の知的世界に進むこともできた。新プラトン主義にとっての理想はもちろん上方の秩序ある世界に進むことであり、最終的には神と合一することとされた。そのために禁欲や善行を行う必要があるとされたのである。プロティノス自身もそのようにして生きている間に4回も神との合一を経験したといわれている。その後、新プラトン学派にはイアンブリコス（300年頃）やプロクロス（450年頃）などの哲学者が登場した。彼らは「一者」から流出したダイモンと呼ばれる様々な霊に働きかけて、神との合一を果たそうとした。このため、新プラトン主義は霊の召喚などを行うきわめて魔術的なものになった。

ルネサンスの時代には神学者マルシリオ・フィチーノが新プラトン主義に注目した。この結果、新プラトン主義は**ルネサンス時代の魔術思想**にも多大な影響を与えることになった。

新プラトン主義と魔術

新プラトン主義 →
- 3世紀の哲学者プロティノスに始まる。
- 4～6世紀頃、イアンブリコス、プロクロスらによって霊の召喚魔術が導入される。
- 15世紀に神学者フィチーノが注目し、ルネサンス魔術にも多大な影響を与える。

新プラトン主義の宇宙論

新プラトン主義では宇宙は階層構造を持つと考えた。

- 一者：完全無欠の神。すべてはここから生まれた。
- 知性：魂の源泉。純粋に精神的で、物質的実体を持たない。
- 魂：物質と精神を結びつけるもの。下位の質料に関与して、物体・生命体を形作る。
- 質料：素材としての物質。
- 無：質料的世界。

用語解説／関連項目

- **ヘレニズム世界**→紀元前4世紀のマケドニア王アレクサンドロスの東方遠征によって、ギリシア風文化が広まったオリエントと地中海世界のこと。
- プラトンの思想→No.004
- ルネサンス時代の魔術思想→No.072

No.014
錬金術を支えたヘルメス主義

3世紀頃に成立したヘルメス主義はマクロコスモス（大宇宙）とミクロコスモス（小宇宙）の対応関係を説き、西洋魔術思想の基礎を作った。

●天体（大宇宙）と人間（小宇宙）の対応を説く魔術的世界観

　ヘルメス主義は錬金術の神話に登場する伝説的神人ヘルメス・トリスメギストスによって語られたとされる思想である。**新プラトン主義、新ピタゴラス主義、グノーシス主義**などの影響を受けたもので、紀元後3世紀頃までにエジプトで成立したと見られている。ヘルメスが書いたとされる文書『ヘルメス文書』も存在している。これは前3世紀～後3世紀頃に匿名の著者によって書かれた文書を集めたもので、この『ヘルメス文書』がアラビア経由で15世紀にヨーロッパに入り、大反響を呼んだ。そして、ヘルメス主義は新プラトン主義と同じようにヨーロッパの**ルネサンス時代**に大流行した魔術・**錬金術**の原理となった。また、ヘルメスが錬金術の奥義を書いたとされるエメラルド板は**錬金術師**の聖書として愛読された。

　ヘルメス主義は、新プラトン主義などと同じように、宇宙に存在する物質はすべて唯一の神から流出した霊からできている、と考える。だが、とくに重要なのは、その後のヨーロッパ魔術を支えるもう一つの大前提を作り出したことだ。それは、大宇宙（マクロコスモス）である天体と小宇宙（ミクロコスモス）である人間の間には対応関係が成り立つということである。なぜなら、すべての物質の基本となる神の霊は動物の体内を流れる血液のようなもので、宇宙全体が一個の有機体（動物）のように考えられる。そして、有機体である以上、どんなに遠く離れた部分にも必然的なつながりがあると考えられるからだ。

　ヘルメス・トリスメギストスのヘルメスは古代ギリシアの冥界の神だが、当時のエジプトでは知恵の神トートと同一視された。また、「トリスメギストス」とは「三重に最も偉大な者」という意味で、トート＝ヘルメス神がそれほど偉大な神だということを表しているという。

ヘルメス主義の影響

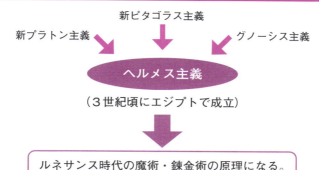

ヘルメス主義の基本内容

ヘルメス主義によれば、宇宙は唯一の神から流出した霊でできており、マクロコスモス＝宇宙とミクロコスモス＝人間は完全に対応関係にある。

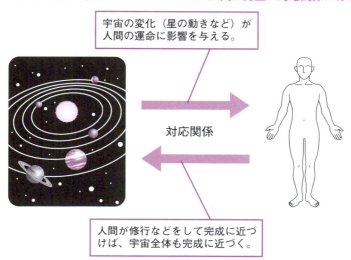

関連項目
● 新プラトン主義→No.013
● 新ピタゴラス主義→No.009
● グノーシス主義→No.011
● ルネサンス時代→No.072
● 錬金術→No.046
● 錬金術師→No.048

No.015
錬金術の誕生

錬金術は紀元前後のエジプトで、金属加工技術、占星術、古代ギリシア哲学、ヘルメス主義などの融合から生まれ、最初の開花期を迎えた。

●科学技術と神秘思想の融合

　錬金術は鉄や銅のような卑金属を黄金に変える魔術であり、12世紀以降のヨーロッパで大流行したものだが、それが最初に誕生したのは古代エジプトのアレクサンドリアを中心にした地域だった。

　錬金術は金属加工技術、**占星術**、古代ギリシア哲学、**ヘルメス主義**などが融合したものだった。古代エジプトのアレクサンドリアにはこれらすべてがそろっていた。

　古代エジプトでは紀元前3000年頃には冶金術や染色術などの工芸技術が十分に発達していた。紀元前2世紀にはメンデスのボルスという化学者が、金属に色をつけ、本物の金や銀に見えるようにする方法について書物を著していた。また、アレクサンドリアはマケドニアのアレクサンドロス大王によって紀元前4世紀に建設された都市であり、多くの知的なギリシア人が住んでおり、ギリシアの哲学が生きていた。古代バビロニアで生まれた占星術もギリシア人によってアレクサンドリアにもたらされ大いに発達していたし、錬金術の思想的背景となったヘルメス主義が生まれたのもエジプト周辺の地域だった。

　こうして紀元前後の古代エジプトで錬金術は生まれたが、紀元後3世紀にはいかにも錬金術師らしい錬金術師たちが活躍するようになっていた。その代表がパノポリス人のゾシモスだった。ゾシモスは存在が確認できる最古の錬金術師だが、本名で数多くの錬金術書を書いた。

　しかし、エジプトの錬金術の時代は長くは続かなかった。4世紀、アレクサンドリアでキリスト教会による異教文化の大弾圧が行われた。このため、エジプトの錬金術は衰退し、錬金術の中心地はアレクサンドリアからビザンチン（東ローマ帝国）のコンスタンチノープルに移ることになった。

錬金術の誕生地と中心地

錬金術の誕生地 古代エジプト
アレクサンドリア

なぜエジプトで始まったか？ 古代エジプトには、錬金術に必要なすべてがそろっていた！

錬金術の誕生に必要なものとは？

メソポタミアの占星術	**古代ギリシア哲学**
古代の神秘思想 新プラトン主義 グノーシス主義 ヘルメス主義	**様々な芸技術** 建築、冶金、 金属加工、染色、 ガラス製造

アレクサンドリアの錬金術の衰退 4世紀に、キリスト教会が異教文化を大弾圧したため。

以降は錬金術の中心地はビザンチンのコンスタンチノープルへ。

関連項目

●占星術→No.018　　　　　　　●ヘルメス主義→No.014

No.016 古代の錬金術師たち

古代エジプトの錬金術師たちはヘルメス、イシス、クレオパトラなど、古代の神や英雄、哲学者の名を使って数多くの錬金術書を書き残した。

●多数の錬金術書を書いた古代の錬金術師たち

　錬金術が最初の開花期を迎えた古代エジプトでは数多くの錬金術師が登場し、錬金術書も数多く書かれた。しかし、はっきりと名前のわかる錬金術師は少ない。この時代の錬金術師はたとえ錬金術書を書いてもそれを本名で発表することはほとんどなかった。この時代の錬金術書は有名な神々の名や古代の英雄や哲学者の名前で発表されることが多かった。たとえば、ヘルメス・トリスメギストス、イシス、アレクサンドロス、クレオパトラ、アリストテレス、ピタゴラス、モーセという具合である。

　本名で錬金術書を書いた最古の錬金術師は紀元後300年頃にアレクサンドリアで活躍したゾシモスだった。ゾシモスは錬金術についての百科事典28巻を書き、中世ヨーロッパの専門家からも尊敬されたが、それはいかにも錬金術書らしい、寓意と象徴に満ちた謎めいたものだった。

　この時代のアレクサンドリアでは女性の錬金術師も活躍していた。モーセの妹マリアンの名前を借りたユダヤ夫人マリアはとくに有名である。彼女は重要な錬金術文書を残しただけでなく、いくつかの錬金術の装置も発明した。3本の放出口を持つ蒸留器（アレンビック）や「ケロタキス」という還流装置がそうだ。クレオパトラというエジプト女王の名前を持つ女性錬金術師もいた。彼女は『クレオパトラの金作り』などの錬金術書を書いたことで知られている。また、ゾシモスの妹テオセベイアも錬金術師だった。

　5世紀頃から錬金術の中心地はアレクサンドリアからビザンチンのコンスタンチノープルに移るが、ここでは哲学者ステファノスのような人々が地道な研究を引き継いだ。その後、ビザンチンの修道士たちが古い錬金術書を積極的に複写するようになるが、これらの写本はやがてアラビア経由でヨーロッパに持ち込まれることになった。

古代の錬金術師たちの名前

古代には書物などを本名で発表しない錬金術師が多かった。

神・英雄・有名な古代哲学者の名前を使った錬金術師 → ヘルメス・トリスメギストス、イシス、アレクサンドロス、クレオパトラ、アリストテレス、ピタゴラス、モーセ など。

本名がわかる最初の錬金術師 → ゾシモス
- 古代最大の錬金術師。
- 錬金術の百科事典28巻を書く。

女性錬金術師 → ユダヤ夫人マリア / クレオパトラ / ゾシモスの妹テオセベイア

ゾシモスの錬金術の特徴

名前のわかる最古の錬金術師ゾシモスの錬金術は古代の神秘思想を一体化した秘教的なものだった。

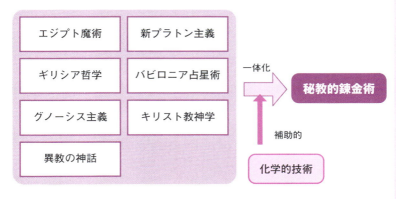

関連項目

● 錬金術 → No.015

No.017
夢で病気を治すアスクレピオスの魔術

アスクレピオス神は古代地中海世界でイエス以上に信仰された病気治しの神で、患者はその夢を見るだけで癒された。

●エピダウロスの聖地における奇跡の病気治し

　古代ギリシアの神アスクレピオスは紀元前5〜後3世紀頃の地中海世界で最も広く信仰された、偉大な病気治しの神である。その近くにはイエス・キリストが活躍したパレスチナもあったが、少なくともその当時は、パレスチナの外に出れば、アスクレピオスはイエスよりもはるかに偉大だった。アスクレピオスの聖地は地中海世界に数多く存在していたが、最大の聖地はギリシアのアルゴリス地方にあったエピダウロスだった。

　エピダウロスでは、アスクレピオスの癒しは聖地の中のある特別な場所で、夢を見ることで実現すると決まっていた。それはアスクレピオス神殿の北側にあった細長いイオニア式の列柱館で、その場所は「アバトン」と呼ばれた。この列柱館は最も大きかったときには長さが71メートルもあった。

　「アバトン」という言葉には「呼ばれない者は立ち入ることができない場所」という意味があるという。つまり、聖地への参詣者はその地の保養施設で過ごしながら、ある日突然、アバトンに入るようにという神のお告げのようなものを受け取ったのである。アバトンに入ることを許された者は、まず浄化の儀式と沐浴を行った。それから、アバトンに入った。アバトンに入る目的は、アスクレピオスの夢を見ることだったので、人々はそこで眠った。眠るのは夜である。眠るに際しては、「クリネー」と呼ばれる寝椅子に横たわった。これが現在の「クリニック」の語源である。

　夢に登場するアスクレピオスは、彼自身の場合もあったが、それ以上に彼の象徴であるヘビや犬の姿をしていることが多かった。また、多くの場合に、助手を連れていた。そして、夢の中でアスクレピオスは患者の患部に触れ、それから姿を消した。すると、ただそれだけのことで、まさにその瞬間に人々は癒されたという。

病気治しの神アスクレピオス

アスクレピオス
・古代地中海世界でイエス以上に信仰された病気治しの神。
・夢に現われて病気を治した。
・最大の聖地はエピダウロス。

アスクレピオス神による治療

聖地エピダウロスでのアスクレピオスの治療は以下のように行われた。

エピダウロス

① 病気を治したい人は聖地を訪ねる。

② 聖地の保養施設に宿泊し、適度に運動したり、観劇したりして過ごす。

③ ある日、治療開始の神のお告げがある。

④ 浄化の儀式と沐浴を行う。

⑤ アバトンという館に入る。

⑥ 夜、寝椅子で眠る。

⑦ 夢にアスクレピオス神が現われる。犬やヘビの姿のこともある。

アスクレピオス神

⑧ 夢を見ただけで病気が治る。

No.018 西洋占星術の起源

西洋占星術の基礎である黄道十二宮とホロスコープは、古代バビロニアで生まれ古代ギリシアで大発展し、西洋魔術には不可欠なものとなった。

●バビロニアで生まれ、ギリシアで育つ

　西洋の占星術は古代バビロニアで生まれた。古代バビロニア人は天の星に神々を対応させた。とくに力のある神は7惑星に当てはめられ、それぞれの星に影響力があると信じた。**黄道十二宮**の先祖といえるものも紀元前2000年には存在した。当初は占星術は国家や国王の運勢を占うのに用いられ、個人を占うものではなかったが、紀元前5世紀末には個人の誕生日の天体の配置図であるホロスコープをもとにした誕生占星術も行われるようになったとみられている。

　バビロニアの占星術はエジプトにも入り込んだが、その後ギリシアやその植民地において大いに発展することになった。アレクサンドロス大王の東征によって、バビロニアとエジプトの占星術がギリシアに持ち込まれ、ギリシア人を夢中にさせた。ホロスコープを売ったり、護符を売ったりして生活する者も現われた。バビロニア人の司祭ベロサスは紀元前280年にコス島に学校を開き、バビロニアの天文学と占星術を教え、成功を収めた。こうして、ギリシアにおいて現在のような占星術が生まれたのである。

　また、ギリシアの哲学者、医師、学者たちは占星術を医学、植物、石、金属と関係づけた。上にあるもの（マクロコスモス）が下にあるもの（ミクロコスモス）に影響を与えると考える占星術は、同じ考えを持つ**ヘルメス主義**にも取り込まれた。このため、占星術はそれ自体が占いとして重要な魔術であるだけでなく、錬金術や召喚魔術のような、そのほかの魔術にとってもなくてはならないものとなった。古代ローマ人も占星術に魅了された。何人ものローマ皇帝たちが占星術師に頼った。ネロ皇帝は占星術師の助言によって、多くの政敵を殺した。ドミティアヌス帝は危険思想を持った市民をホロスコープによって分析させたという。

西洋占星術の始まり

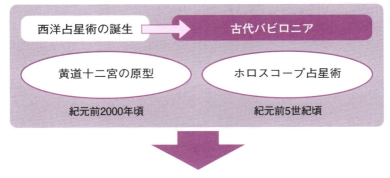

古代ローマでも流行

・ネロ皇帝は占星術師を信じ、政敵を殺した。
・ドミティアヌス帝は危険思想の市民をホロスコープで分析させた。

用語解説／関連項目
●黄道十二宮→天球上の黄道を中心とした惑星の運行域を30度ずつ12に分けた領域のこと。
●ヘルメス主義→No.014

No.019 古代の占星術師プトレマイオス

天動説で有名な天文学者プトレマイオスは実は占星術師でもあり、『テトラビブロス』という占星術書を書き、後世の占星術師から崇められた。

●占星術の基本文書『テトラビブロス』を著す

　プトレマイオスは、現在では科学者、地理学者、天文学者として有名である。また、天動説を体系化したことでよく知られている。しかし、彼は同時に、何世紀にもわたって最も有名なギリシアの占星術師だった。

　プトレマイオスは後2世紀のアレクサンドリアで活躍し、『テトラビブロス』という本を書いて当時の占星術を集大成したが、この本の中には、後代に発展して現在にまで伝わっている**西洋占星術**の重要部分がすべて含まれていたのである。

　ただし、その内容自体は決して新しいものではなかった。実は、プトレマイオスよりも1世紀ほど前の古代ローマにマニリウスという占星術師がおり、『アストロノミカ（天文学）』という本を書いていた。この本もまた、プトレマイオスの本と同じく中世から近世にかけて西洋占星術の基本的図書とされたものだが、プトレマイオスの本の内容の多くはマニリウスの本にも含まれていた。

　しかし、マニリウスの本は韻文で書かれた文学的なものだったのに対し、プトレマイオスの本は、天文学の知識をもとに科学的に記述され、体系的で学術書の体裁を取っていた。そのため、プトレマイオスは後代の占星術師から天文学と占星術の権威として崇められ、十数世紀間にわたって大きな影響を与え続けることになった。

　この時代の占星術には、現在ではあまり語られない内容も含まれていた。その一つに、古代から中世にかけて相当な人気があった「占星術地理学」というべきものがある。これは地上の土地を適当に分割し、黄道十二宮に割り当てたもので、この考え方によれば、国民によって風習や容貌が異なるのは、十二宮による支配の区分が異なるためとされた。

プトレマイオスの業績

プトレマイオス

- 2世紀のアレクサンドリアで活躍。
- 天動説を体系化する。
- 科学者、地理学者、天文学者として有名。
- 『テトラビブロス』という本を書き、占星術を集大成する。

占星術書『テトラビブロス』と『アストロノミカ』

 『テトラビブロス』

・2世紀にプトレマイオスが書いた占星術書。

 特徴

- 天文学の知識に基づき、科学的。
- 体系的で学術書の体裁。

↓

- 天文学と占星術の権威として崇められた。
- 十数世紀間にわたって大きな影響を与え続けた。

 『アストロノミカ』

・1世紀にマニリウスが書いた占星術書。

 特徴

- 内容は『テトラビブロス』に似ていた。
- 韻文で書かれ文学的。

↓

- 中世から近世にかけ、占星術の基本図書の一つとされた。

関連項目

●西洋占星術→No.049

No.020
デルポイの神託

戦争の開始を占うほどに、古代ギリシア人は神託を重要視したが、神託所の中でも最も有名なのがアポロン神を祭るデルポイの神託所だった。

●神がかりになった巫女が神の言葉を告げる

　古代ギリシアでは神託という予言が非常に重要視されており、政治家は特別な神託がなければ戦争を始めることもなかったといわれている。神託とは、神の霊がトランス状態になった人間に降りてきて行われる予言のことで、神託（オラクル）という言葉には、「答える」という意味がある。

　古代ギリシアでは、神託は特定の神の聖域で受けることができたが、最も有名なのはパルナッソス山の傾斜地にあったデルポイだった。ここは**アポロン神**の聖域で、中心にアポロン神殿があった。デルポイにおけるアポロン信仰は紀元前8世紀以降に起こったといわれるが、紀元前6世紀以前には、毎年一回、アポロン神の誕生日に神託を受けることができた。その後、デルポイの神託が有名になり、神託を求める人々も増え、冬の3か月を除く毎月一回、神託を受けられるようになった。

　この地における予言は「ピュティア」と呼ばれる巫女たちによってなされた。神託が下される日の早朝、ピュティアはカスタリアの泉で身を清め、月桂樹の葉を焼いた煙を浴び、アポロン神殿に入った。神託を受けられる人々は男性に限られていたが、あらかじめ神官から質問の内容を聴取された。そして当日、カスタリアの泉で身を清め、聖域に入り、アポロン神殿の前で奉納物を捧げた。準備が整うと、一人ずつ神殿内に案内された。神殿の奥所にはアポロンの予言のシンボルである「予言の三脚台」があった。ピュティアはこれに座り、神がかりになった状態で、月桂樹の葉を噛みながらわけのわからぬことをもごもごと口走った。伝説では、この地には大地に裂け目があり、そこから幻覚性の不思議なガスが吹き出て、巫女たちは神がかりになったといわれる。こうしてピュティアが語った内容を神官が六脚韻の韻律で歌い、アポロンの神託として請願者に告げたという。

デルポイの神託

デルポイの神託 → ・古代ギリシアで最も有名な神託。
・ピュティアと呼ばれる巫女が行った。
・デルポイにはアポロン神の聖域があった。

神託とは

・神の霊が人に降りて行われる予言。
・古代ギリシアで非常に重要視された。

デルポイ

ピュティアの巫女の予言

デルポイにあるアポロン神殿の中で、ピュティアは予言の三脚台に座り、神がかりになり、月桂樹の葉を噛みながら神託を下したという。

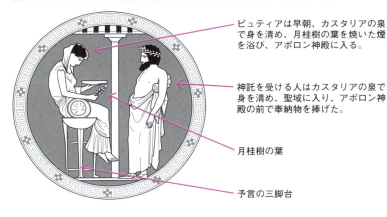

ピュティアは早朝、カスタリアの泉で身を清め、月桂樹の葉を焼いた煙を浴び、アポロン神殿に入る。

神託を受ける人はカスタリアの泉で身を清め、聖域に入り、アポロン神殿の前で奉納物を捧げた。

月桂樹の葉

予言の三脚台

用語解説
●アポロン神→ギリシア神話のオリンポスの12神の一人で、芸術、予言、医術、太陽の神として信仰された。

No.021 古代の降霊術

降霊術とは死者の霊を呼び出し、過去や未来について教えてもらう予言の一種であり、古代ペルシア、ギリシア、ローマ時代から盛んに行われていた。

●悪魔召喚に似た降霊術の儀式

　降霊術（Necromancy）は死者の霊を呼び出し、過去や未来について教えてもらう、予言の一種である。降霊術は世界中で行われていたが、西欧圏では古代バビロニア、ペルシア、ギリシア、ローマなどにさかのぼることができるといわれている。

　ギリシア神話や旧約聖書にも降霊術に関する記述は数多くある。

　ホメロス作の叙事詩『オデュッセイアー』（紀元前700年頃）第11章には降霊術の儀式に関する記述がある。オデュッセウスは魔女**キルケー**の指示に従い、**オケアノス**の果ての土地で、1**キュービッド**四方の深い穴を掘り、その周りにあらゆる死者の供養のために捧げ物をし、蜜を混ぜた乳、葡萄酒、水を注ぎ、白い大麦の粉を振りまいた。さらに、死者たちに祈願し、羊の喉を切って血を流し込むと死者の霊が集まってきたという。

　降霊術というと、現在の心霊主義的な降霊術を思い浮かべる人が多いかもしれないが、『オデュッセイアー』の例を見ても、伝統的な降霊術は悪魔召喚の儀式に非常に似たものであり、人に嫌悪を催させる、おどろおどろしい儀式に満ち満ちていたことがわかる。

　旧約聖書では「サムエル記上」に登場するエンドルの巫女による降霊術が最もよく知られた例である。イスラエル王国初代王サウル（紀元前10世紀頃）はペリシテ人との戦争で危機に陥り、先代のイスラエルの指導者で預言者だったサムエルの霊に相談しようと、密かにエンドルに住む巫女を訪れた。しかし、サムエルの霊は出現したものの、その返答は絶望的なもので、その予言どおりにサウルは滅びることになったのだ。

　旧約聖書には降霊術を禁止する記述も多いが、このことは逆に古代ユダヤ世界で降霊術が盛んだったことを示しているといってよいのである。

降霊術とは何か?

降霊術とは
- 予言の一種。
- 死者の霊を呼び出して過去や未来を知る。
- 古代から世界中にあった。

古典に描かれた古代の降霊術

ギリシア神話

ホメロス作『オデュッセイアー』

- 1キュービッド四方の深い穴。
- 死者への捧げ物。
- 蜜を混ぜた乳、葡萄酒、水、大麦。
- 死者たちへの祈願。
- 羊の血。

死者の霊が出現する。

旧約聖書

「サムエル記上」の物語

イスラエル王サウルはエンドルに住む巫女を訪ね、先代のイスラエルの指導者サムエルの霊を呼び出してもらう。

用語解説／関連項目

- オケアノス→ギリシア神話の海洋の神だが、大地を取り巻く海や水の流れそのものと考えられた。
- キュービッド→肘から中指の先までの長さに由来する長さの単位で、およそ50センチメートル前後。
- キルケー→No.022

No.022 古代の魔女

魔女の歴史は古く、すでに古代ギリシア・ローマ時代の文学作品の中で、恐ろしい妖術を使い、人々から忌み嫌われる魔女の姿が描かれていた。

●恐ろしい妖術使い

　魔女はいつの時代も恐ろしい妖術を使う者として人々から忌み嫌われてきた。ヨーロッパの魔女のイメージは古代のアッシリア人、バビロニア人、ユダヤ人、ギリシア人、ローマ人の魔術信仰から発展した。古代では女性が男性の知らない神秘的知識を持ち、その中には妖術を使う魔女がいると信じられていた。

　紀元前の時代に作られた『**オデュッセイアー**』のようなギリシア神話の作品の中にはキルケーとメデイアという有名な魔女が登場した。キルケーはアイアイエ島に住む魔女で、非常に美しく性的魅力にあふれていたが、残酷だった。彼女はその妖術で恋敵を怪物に変えたことがあった。また、人を動物に変えたり、不死にすることもできた。メデイアはキルケーの兄弟であるコルキス王アイエテスの娘で、薬草と毒薬の知識を持った魔女である。妖術で老人を若者に変えたり、蝋人形の使い方を知っていた。

　古代ローマ時代の小説にも数多くの魔女が登場し、当時の魔女のイメージを伝えている。紀元前1世紀の詩人ホラティウスの作品には魔女カニディアが登場した。彼女は月夜の墓地を髪を振り乱しながら裸足でさまよい、子羊を歯で引き裂いてその血を地面に撒き、死者の霊を呼び出した。1世紀の詩人ルカヌスの叙事詩『ファルサリア』にはエリクトという魔女が登場する。彼女は荒れ果てた墓に住み、火葬された子供の骨や人の死体に囲まれて暮らしていた。そして、カニディアと同じように動物の生贄を捧げて死者の霊を呼び出した。2世紀のローマの作家アプレイウスの小説『黄金のロバ』には魔女パンフィエレが登場する。彼女は人妻として普段は普通に暮らしているが、真夜中になると軟膏を身体に塗ってフクロウに変身し、若い愛人のもとに飛んでいった。

ヨーロッパの魔女

ヨーロッパの魔女のイメージは古代のアッシリア人、バビロニア人、ユダヤ人、ギリシア人、ローマ人の魔術信仰から発展した。

古代ギリシア・ローマ文学の有名な魔女

名前	特徴
キルケー	『オデュッセイアー』などに登場するギリシア神話の魔女。アイアイエ島に住む。人を動物に変えたり、不死にすることができる。
メデイア	『オデュッセイアー』などに登場するギリシア神話の魔女。キルケーの姪で、コルキス王アイエテスの娘。薬草と毒薬の知識を持っていた。
カニディア	紀元前1世紀の詩人ホラティウスの作品に出てくる魔女。月夜の墓地をさまよい、子羊を歯で引き裂いて、その血を大地に撒き、死霊を呼び出す。
エリクト	1世紀の詩人ルカヌスの叙事詩『ファルサリア』に登場する魔女。墓に住み、死体に囲まれて暮らし、死霊を呼び出す。
パンフィエレ	2世紀のローマの作家アプレイウスの小説『黄金のロバ』に登場する魔女。昼間は普通の人妻だが、夜になると軟膏を身体に塗り、フクロウに変身して愛人のもとに飛んでいく。

関連項目
● 『オデュッセイアー』→No.021

No.023
時代を画した『夢判断の書』

紀元後140年にアルテミドロスが書いた『夢判断の書』は西洋で最も影響力を持った夢占いの本であり、ルネサンス時代にも流行した。

●西洋で最も影響力を持った夢占いの本

　ある種の夢には未来が示されているという考えは洋の東西を問わず古くからあったが、古代のギリシアではある夢の本が発表されるやたちまち有名になった。紀元後140年にアルテミドロスが書いた『夢判断の書』である。この本の影響力はその時代だけにとどまらず、後代にまで多大な影響を与え、ルネサンス時代には多くの**魔術書**に交じってこの本も出版され、ベストセラーになった。

　アルテミドロスの考えでは、夢の多くは映像によって未来の出来事を表し、そのほかの夢は象徴によって未来を示すという。夢はそれを見た人の社会的地位や精神状態などによって解釈が異なるので、夢判断には細心の注意が必要である。もし老人が胸に傷を受けた夢を見れば、彼のもとにつらい知らせが届くが、若い女子が同じ夢を見たなら、素敵な恋人が手に入る可能性がある。貧乏人が女性に変身した夢を見たら幸福になれる。誰かが彼の世話をしてくれるようになるからである。しかし、同じ夢を金持ちが見たら不幸になる。それは彼の威勢が終わることを意味するからである。

　アルテミドロスその人については詳しいことがわかっていない。エーゲ海東岸のエペソスの出身で、職業占い師だったらしい。彼の息子も夢判断を職業としていたようで、『夢判断の書』そのものが息子に向けた解説となっている。

　『夢判断の書』は全5巻で、始めに「夢と睡眠中の幻覚の区別」「直接的な夢と象徴的な夢」など、夢の一般的理論が述べられている。その後、主題別分析として、「誕生」「妊娠」「性交」「変身」「戦争」「飛行」「死んだ人に会う」など約200項目について、夢とその結果に関する事例集が収められている。

アルテミドロスとは？

アルテミドロス
- 2世紀の職業占い師。
- 『夢判断の書』の作者。

『夢判断の書』の内容

『夢判断の書』
- 2世紀に書かれた夢の本。
- ルネサンス時代にも再版されベストセラーになる。

本の内容　全5巻

◆夢の一般理論
「夢と睡眠中の幻覚の区別」「直接的な夢と象徴的な夢」など。
- 夢の多くは映像によって未来の出来事を表す。
- そのほかの夢は象徴によって未来を示す。
- 夢はそれを見た人の社会的地位や精神状態などによって解釈が異なるので、夢判断には細心の注意が必要。

◆夢の事例集
「誕生」「妊娠」「性交」「変身」「戦争」「飛行」「死んだ人に会う」など約200項目。
- 老人が胸に傷を受けた夢を見れば、つらい知らせが届く。
- 若い女子が同じ夢を見れば、素敵な恋人が手に入る。
- 貧乏人が女性に変身した夢を見たら幸福になれる。
- 金持ちが女性に変身した夢を見たら不幸になる。

関連項目
- 魔術書→No.079

No.024 魔術師の祖ゾロアスター

古代西洋圏では、魔術はゾロアスター教の開祖ゾロアスターに始まり、祭司であるマギたちはその魔術を受け継ぐ魔術師だと信じられていた。

●大プリニウスが語る魔術の系譜

　古代の西洋魔術の世界には、魔術の祖はゾロアスターだという伝説があった。ゾロアスターは紀元前7～前6世紀頃のペルシアで活躍した予言者で、ゾロアスター教の開祖とされる人物である。

　ゾロアスター教は紀元前6世紀頃にはペルシア人のほとんどが信奉する宗教だったが、古代ギリシア人やローマ人はゾロアスター教の祭司「マギ」は魔術師だと信じていた。マギたちはゾロアスターから直々に魔術を伝授されていると考えられたからだ。マギと魔術の結びつきは強烈だったので、マギという言葉から英語の魔術（magic）にあたるギリシア語（mageia）とラテン語（magia）も生まれてきた。また、新約聖書『マタイによる福音書』の中で、幼子イエスがユダヤの王となるという予兆を受け取り、わざわざ贈り物を届けにきた「東方の三賢人」もペルシアのマギだとされた。

　紀元後1世紀頃にはゾロアスターは偉大な聖人として有名になっており、魔術に関係する多くの書物の作者とされるようになっていた。その時代に活躍した古代ローマの博物学者である**大プリニウス**もその伝説を信じていたようで、魔術が生まれたのはペルシアであり、それを生み出したのがゾロアスターだったことは間違いないといっている。大プリニウスによれば魔術はゾロアスターからマギの代表オスタネスに伝わった。オスタネスは魔術師として、ペルシア王クセルクセスの紀元前480年のギリシアとの戦争に出征した。戦争には負けてしまったが、プリニウスによれば、オスタネスはこの戦争中にも恐ろしい魔術を使い、世界に災厄を撒き散らしたという。また、オスタネスには魔術に関する書物を初めて書いたという伝説がある。ピタゴラスやプラトンなどの哲学者はペルシアでそれらの本を読んで魔術を学び、帰国後、それを密かに伝えたのだという。

ゾロアスターとは何か?

ゾロアスター
・ゾロアスター教の開祖。
・紀元前7〜前6世紀頃にペルシアで活躍。

1世紀頃にはゾロアスターは偉大な聖人として有名になり、いろいろな伝説が作られた。

・魔術はゾロアスターが生み出した。
・魔術の本をたくさん書き残した。
・魔術をマギの代表オスタネスに伝えた。
・ピタゴラスやプラトンもペルシアで魔術を学び、ギリシアに広めた。

祭司マギと魔術（magic）

マギ ゾロアスター教の祭司

マギは偉大な魔術師と信じられ、英語の magic の語源となった。

マギ
ギリシア語magus
ラテン語magi

ギリシア語の魔術mageia

ラテン語の魔術magia

用語解説
●大プリニウス→1世紀ローマの博物学者で、百科全書『博物誌』の著者として知られる。政治家の小プリニウスは彼の養子。

「呪術」という太古の魔術の法則

　魔術は単純なものから複雑で高度なものへと発達してきた。単純な魔術も高度な魔術もどちらも魔術といって間違いではないが、日本では区別されることも多い。その場合、太古の時代から世界中で行われていた単純な魔術は「呪術」、それが発達したものを「魔術」といっているようだ。

　ここで、太古の時代に世界中で行われていた呪術について、それがどのようなものなのか簡単に説明しておきたい。

　呪術は魔術に比べて単純だが、それは法則が単純ということだ。その法則はある程度は魔術にも受け継がれている。

　その法則とは、「類似の法則」と「感染の法則」である。そして、これら二つを合わせて「共感の法則」という。また、類似の法則に基づく呪術は「類感呪術（類感魔術）」、感染の法則に基づく呪術は「感染呪術（感染魔術）」、それらを合わせた共感の法則に基づく呪術は「共感呪術（共感魔術）」という。

　これらの用語は、ジェームズ・フレイザーが20世紀初頭に書いた未開社会の研究書『金枝篇』に基づいているが、知っておくと便利だ。

　類似の法則と感染の法則の意味はおよそ以下の通りである。

　第一の類似の法則は、類似したものは類似したものを生み出す、というものである。たとえば、AとBが似たものであった場合、魔術師がBに対して何事かをすれば、それと同じ効果がAに対しても表われる。あるいは、魔術師が、Aが何かしている様子を模倣すると、Aもその通りにするということである。このような魔術の代表は、もちろん人形を使った魔術である。

　第二の感染の法則は、過去においてそのものの一部であったもの、または接触していたものは、互いが分離した後でも、一方に加えられた行為は、それとまったく同じ効果を、もう一方に引き起こすというものである。黒魔術の世界では、歯、毛髪、爪などのように、かつては人体の一部だったものが、憎い相手を苦しめるための重要な呪物とされるが、それはこの法則に基づいている。

　ところで、ここで述べた呪術の法則は、太古の時代の人々にとってはあらゆる現象にあてはまるものだった。その時代の人々にとってはこの世に起こる様々な現象を説明する原理が呪術だったのである。

第2章
西洋魔術の発展

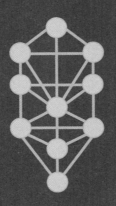

No.025
中世の西洋魔術

中世の西洋魔術はキリスト教の魔術に加え、ユダヤ人の魔術、北欧の魔術、ドルイド教の魔術、アラビアの魔術などを次々と取り込んでいった。

●異教の魔術要素を取り込んだ西洋魔術

中世ヨーロッパではキリスト教会が絶大な力を持ち、かつ魔術を異教のものとして排斥した。しかし、魔術は滅びなかったばかりか、盛んに行われた。大きな理由はキリスト教がいくら魔術を排斥しても、キリスト教自体が様々な魔術的要素を抱えていたためだった。

キリスト教が拡大したために他民族との接触も盛んになり、異教の魔術の影響を受けやすくなったことも大きな理由だった。たとえば、10世紀終り頃までには、キリスト教勢力はスカンジナビア半島にまで及び、その過程でケルト人の魔術や北欧世界の魔術がヨーロッパに入り込むことになった。8世紀以降、アラビア世界を中心に急速に拡大したイスラム教勢力に対し、ヨーロッパが十字軍を派遣するようになったのは11世紀からだが、この影響で12～13世紀にはアラビア世界の文物が大量にヨーロッパに持ち込まれるようになった。また、国を持たなかったユダヤ人は最初から中世ヨーロッパの各所で暮らしており、ユダヤの伝統を伝えていた。

こうして中世ヨーロッパのキリスト教の魔術世界に、ユダヤ人の魔術、古代北欧の魔術、ケルト人の**ドルイド教**の魔術、アラビア経由で古代ギリシア・ローマの魔術などが時代とともに次々と入り込んできた。

ユダヤ人の魔術としては、**ソロモン王**系の召喚魔術、数秘術の**ゲマトリア**、**カバラ**などがあった。北欧魔術からは**ルーン文字**が、ドルイド教からは自然崇拝的な魔術が、アラビアからは天界魔術のほか、古代ギリシア・ローマで生まれた**錬金術**、**占星術**などが入ってきた。

これに対し、キリスト教世界にはもとから悪魔祓いや病気治しの魔術があったが、これらの魔術が中世のヨーロッパにおいて互いに影響し合い、西洋魔術の世界を大きく変貌させ、豊かなものにした。

中世の西洋魔術の展開

中世西洋魔術はキリスト教の魔術を軸にユダヤ、ケルト、北欧、アラビア、古代ギリシア・ローマなど、異教魔術の影響を受けて展開した。

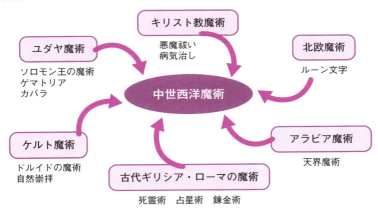

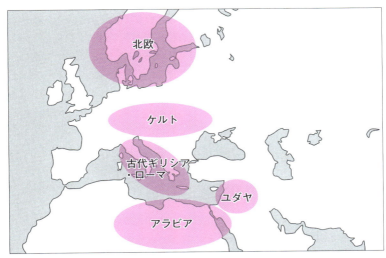

関連項目
- ドルイド教→No.035
- ユダヤ人の魔術→No.037
- ソロモン王→No.039／No.040
- ゲマトリア→No.044
- カバラ→No.042／No.043
- ルーン文字→No.036
- 錬金術→No.015
- 占星術→No.049

No.026 キリスト教と魔術

中世キリスト教会は魔術を異教的なものとして排斥したが、キリスト教自体が魔術的だったため、中世を通じて様々な魔術が存在し続けた。

●魔術を断ち切れなかったキリスト教会

4世紀頃にヨーロッパで大きな勢力となったキリスト教は魔術を異教に直結するものとして排斥した。たとえキリスト教徒でも魔術を行うことは禁止され、魔術を行うものは悪魔に魂を売り渡す契約をしたものと見なされた。しかし、それにもかかわらずすべての魔術が禁止されたわけではなかったし、そもそもそれは不可能だった。キリスト教それ自体が、魔術的な要素をたくさん持っていたからである。たとえば、キリスト教会は当初から病気治しと**悪魔祓い**で人々をひきつけ、数多くの改宗者を生み出してきた。キリスト教の創始者であるイエスからしてそうだった。それで、イエスをただの魔術師だと非難するユダヤ人や異教徒も多かったのである。

キリスト教会自体がそのようにして信者を増やしたので、一般の人々が教会の魔術に魅力を感じるのは当然だった。人々はキリスト教に関係のある様々なものに魔力があると信じていた。イエスや聖母マリアや聖人の遺物は魔術的力を持つとされ、個人の収集家だけでなく教会や修道院までが遺物の収集を行った。殉教者の骨も強力なお守りになると考えられ、その墓を掘り起こす者が後を絶たなかった。また、人々はキリスト教と深い関係にある遺跡や霊廟を訪れれば病気が癒されると信じたし、悪魔や悪霊を追い払うために日常的に十字を切ったり聖水を撒いたりした。

キリスト教の専門家である僧侶も魔術を使える特別な存在だと信じられた。そのため、僧侶の中には個人的に魔術、**占星術**、護符の製造などを行う者が現われ、教会は何度となくそのような行為を禁止する布告を出した。ミサはパンと葡萄酒を食べることでイエスと一体化しようとするキリスト教会の中心的儀式だが、僧侶の中にはそれを雨を降らせたり、病気を追い払うために個人的に応用する者もいた。

キリスト教と魔術の複雑な関係

キリスト教会は魔術を排斥したが、キリスト教の魔術は許した。

魔術を排斥 ← キリスト教 → 魔術を使う

魔術は異教のものだから使ってはいけない！ ×

キリスト教の魔術は使ってもかまわない。 ○ 病気治し 悪魔祓い

キリスト教と関係があるものには魔力がある！

 イエスと関係ある物

 マリアと関係ある物

 キリスト教の遺跡

 十字架

 聖人の骨

 聖人の墓

キリスト教は魔術的だったので、人々はキリスト教の関係あるものには魔力があると信じたのです。

 ミサ

 僧侶

関連項目
●悪魔祓い→No.027　　　●占星術→No.049

No.027 悪魔祓い

中世キリスト教会はイエスも行ったという「悪魔祓い」を決して禁止せず、正式な儀式を定め盛んに実践した。そしてそれは召喚魔術にも利用された。

●儀式化された悪魔祓い

　古代世界では悪魔や悪霊は人・物・家・場所などに取り憑いて様々な悪影響を及ぼすと信じられていた。それで、悪魔や悪霊を追い払うための「悪魔祓い」の儀式が洋の東西を問わず世界中で行われていた。

　キリスト教にも最初から悪魔祓いがあった。新約聖書には、イエスやその弟子たちが悪魔祓いをする場面が繰り返し描かれている。中世になっても、キリスト教会は異教の魔術を禁止したが、自分たちが行う悪魔祓いは邪悪な魔術とは別物と見なし、決して手放すことはなかった。

　キリスト教会の勢力が大きくなり、様々な儀式が複雑になると、悪魔祓いの儀式も変化した。

　初期の悪魔祓いは非常に単純なものだった。新約聖書に登場するイエスは、ただ「出ていけ」と命じるだけで悪魔を追い払った。イエス以外のキリスト教徒も「イエスの名において、出ていけ」と命ずればよかった。

　その後、イエスの名を唱える連祷や祈り、司祭が秘蹟を受ける者の頭に手を置く按手、聖油による塗油などが行われるようになり、3世紀には悪魔払いを行う専門の祓魔師（エクソシスト）の職務が設けられた。

　16・17世紀のヨーロッパ人は悪魔を極端に恐れ、そのために魔女狩りまで行ったが、この時代には悪魔祓いも一層盛んになった。悪魔祓いの儀式の手引書も出版された。1614年、ローマ・カトリック教会は『ローマ典礼儀式書』を公布し、この中に公式の悪魔祓いの規定を収めたが、この規定は現在でもそのままの形で有効とされている。

　悪魔祓いは悪魔の召喚魔術に似ていたので、悪魔祓いの手引書は魔術書にも大きな影響を与えた。悪魔祓いの手引書を魔術書代わりに使って、宝探しや男性の不能治療を行う人々も出現した。

悪魔祓いとは何か？

悪魔祓い ・悪魔が取り憑いている、人、物、場所から悪魔を追い払う儀式。
・古代には世界中で行われていた。

キリスト教と悪魔祓い

キリスト教には悪魔祓いが最初から存在していた。

| 新約聖書では… | イエスやその弟子たちが頻繁に悪魔祓いをしている。 |

| 中世教会では… | 異教の魔術は禁止したが、悪魔祓いは別物として手放すことはなかった。 |

キリスト教の悪魔祓いの儀式は時代とともに形式化した。

| 初期 | イエスの名で悪魔に出ていけと命じればよかった。 |

| 3世紀 | 祓魔師（エクソシスト）の職務が設けられた。 |

| 1614年 | 『ローマ典礼儀式書』で細かい儀式が規定された。 |

悪魔祓いは魔術ではない！

エクソシスト　憑依された人

ひゃ〜

用語解説
●秘蹟→神の恵みをもたらすとされているキリスト教会が行う特別な儀式のこと。洗礼や聖体（聖別したパンを食べること）などがある。

No.028 ミサの魔力

ミサはイエスと一体化するためのカトリック教会の中心的な儀式だが、特別な魔力を持つと信じられ、魔術としてあらゆる目的に用いられた。

●魔術的なカトリック教会の中心的儀式

　ミサは、パン（キリストの肉の象徴）と葡萄酒（キリストの血の象徴）を食べることで、イエスと一体化することができるという、キリスト教の一派カトリック教会の中心的な儀式である。しかし、ミサには**魔術的なパワー**があるという信仰が古くからあり、天気をよくするため、雨乞いのため、子宝を得るため、病気を治すため、旅人の安全祈願のためなど、あらゆる目的のために聖職者によって行われてきた。キリスト教初期のローマ時代には、キリスト教徒はミサにおいて子供を生贄として捧げ、その肉と血を食べるという噂がローマ人の間に流れた。

　ミサはこのように魔術的なものだったので、その儀式を黒魔術に応用することも可能と考えられた。こうして出来上がったのが黒ミサであり、人を陥れたり、呪い殺したりするような邪悪な目的に用いられた。

　黒ミサは本来のミサをグロテスクにパロディー化した儀式だった。たとえば、十字架を構えるときに上下を逆さまに持つ。十字架に唾を吐きかけたり、踏みつけたりする。聖水や葡萄酒の代わりに尿を用いる。頭に牡山羊の面をかぶる。神ではなく、悪魔の名を唱える。また、神聖な祭壇の代わりに裸体の女性を使うという方法がとられた。このために、黒ミサはしばしばわいせつな行為を伴うものになった。

　「黒ミサ」という言葉が使われるようになったのは19世紀からだが、黒ミサの起源は古い。7世紀にトレドの宗教会議は、死者に対してミサを行った僧侶を、特定の誰かを殺すためにミサを行ったとして告発している。12世紀の聖職者ギラルドゥス・カンブレンシスは、当時、祭壇に置かれた生贄の人形にミサを行って、生贄を呪う者がいたと記している。また、**魔女狩り**の時代には黒ミサを行ったという罪でたくさんの魔女が処刑された。

いろいろな魔術に応用されたミサ

ミサ ➡
- パンと葡萄酒を用いて、イエスと一体化するための、カトリック教会の儀式。
- 魔力があると信じられ、いろいろな魔術に応用された。

⬇

ミサの魔術的応用。

「願いを叶えたまえ！」

- 天気をよくする。
- 雨乞い。
- 子宝を得る。
- 旅の安全祈願。

⬇

黒ミサにも応用された。

黒ミサ ➡
- 邪悪な目的で行う悪魔崇拝のための黒魔術儀式。
- キリスト教のミサの逆をやるようにする。

十字架を逆さまに持つ。

十字架に唾を吐く。

十字架を踏みつける。

牡山羊の面をかぶる。

聖水や葡萄酒の代わりに尿を使う。

裸体の女性を祭壇にする。

関連項目

●魔術的なパワー→No.026 　　　●魔女狩り→No.034

No.029 神学者アルベルトゥス・マグヌスの魔術観

アルベルトゥスは中世ヨーロッパを代表する偉大なキリスト教神学者だが、「自然魔術」を善い魔術だと考え、錬金術の可能性も認めた。

●自然魔術や錬金術を認めた中世最大の学者

　アルベルトゥス・マグヌス(1193年～1280年)は13世紀ドイツのキリスト教神学者で、中世ヨーロッパを代表する大学者である。あまりに博識であることから「普遍博士」という異名もあった。アリストテレスの著作を研究していたが、実験・観察・フィールドワークなどを積極的に行い、鉱山、鉱脈、野外植物などについて自分の目で見た広範な知識を持っていた。

　アルベルトゥスは魔術師ではなかったが、魔術にも関心を持ち、「**自然魔術**」という善い魔術が存在することを認めた。植物や石の持つ不思議な効力についても多くのことを書き記した。とくに宝石はほかの石よりも一層不思議な力を持つと考え、鉱物に関する本の中で宝石が持つ驚異の力を列挙した。ベリル(緑柱石)は敵から襲われたときや論争を仕掛けられたときに効力があり、勝利をもたらすばかりか、立ち居振る舞いをしとやかにし、怠惰や息切れにも効果がある、という具合である。そして、彼はこれらすべての不思議な効力は星に由来すると考えた。

　錬金術にも関心を持ち、実際に**錬金術師**の実験室を訪れたり、自分自身で錬金術で作られたという金のテストを行ったりした。その結果、彼は錬金術師たちは本当の金を作っているわけではなく、金や銀に似た金属を作っているだけだと結論づけた。しかし、彼は錬金術そのものを否定したのではなかった。つまり、金属変成は一般の錬金術師に可能なほど容易ではなく、少なくとも理論的には可能だが非常に困難なものと考えた。また、硫黄・水銀の二原質から鉄・銅・鉛・すず・水銀・銀・金の7金属が作られるという理論も受け入れていた。

　中世最大の学者といえるアルベルトゥスがこう考えていたことから、当時のキリスト教会の魔術に対する考えもある程度想像できるだろう。

中世の大学者アルベルトゥスと魔術

アルベルトゥス・マグヌス

・「普遍博士」と呼ばれた中世最大の学者。
・カトリック教会の聖人。

自然魔術や錬金術の可能性を認める。

・自然の神秘を探求する**自然魔術**は善い魔術である。

・**宝石**はほかの鉱石以上に不思議な力を持ち、その力は星に由来している。

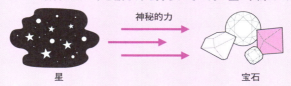

・**錬金術**による黄金変成は理論的に可能だが、非常に難しい。
・硫黄と水銀で7金属が作れるという二原質理論を認める。

中世の大学者の魔術観はキリスト教会にも影響を与えた。

関連項目

●自然魔術→No.031　　　　　　　●錬金術師→No.048
●錬金術→No.045／No.046

No.030 魔術と悪魔

キリスト教会は古代の教父たちの時代から、魔術を行うには悪魔との契約が必要だとして、魔術を使う者を迫害した。

●悪魔と契約することで可能になる魔術

　キリスト教会は古くから、魔術を行う者はすべて悪魔と契約した者だと見なしていた。悪魔と契約するとは、悪魔の力で願望を叶えてもらう代わりに、自分の魂を与えると約束することである。

　悪魔との契約に関する記述は聖書の中にはない。しかし、オリゲネス（185年～251年）やアウグスティヌス（354年～430年）のような古代キリスト教会の教父たちの時代には、占い、魔術、妖術の実践には悪魔との契約を必要とすると考えられるようになっていた。その考えがそのまま中世のキリスト教会にも引き継がれた。中世から近世にかけて、ヨーロッパでは多くの人々が邪悪な魔法を使う**魔女**として処刑されたが、それもまた彼らが悪魔と契約した者と見なされたからだった。

　悪魔と契約するという概念がヨーロッパで一般的になったのにはティオフィルスの伝説の影響があった。ティオフィルスは6世紀の人で、シチリアのアダナ教会の出納係だった。あるとき皆に推挙され、司教職を与えられたが、彼はつつしみからそれを断った。すると彼の代わりに新たに司教となった人物は彼を陥れ、その職を奪った。ここで初めて自分の謙虚さを悔いたティオフィルスは有名なユダヤ人の魔法使いのもとへ出かけ、十字路でサタンを呼び出してもらった。そして、サタンとの間に、魂と引き換えに望みを叶えてもらう約束をし、新司教に復讐を遂げ、自分が司教の座に就いたという。

　18世紀のドイツの伝説に登場する**ファウスト博士**も悪魔と契約した者として有名である。博士は24年後に自分の身体も魂も身代も譲り渡す条件で悪魔と契約し、人目を欺く幻惑魔法や変身魔法、飛行魔法、意のままに女性を手に入れる性愛魔法などを使えるようになったとされる。

魔術と悪魔の関係

キリスト教会の見解 ＝ 魔術を行う者は皆悪魔と契約している。

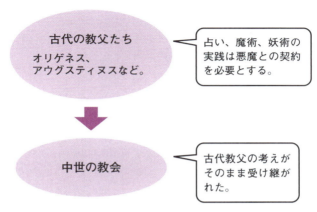

古代の教父たち
オリゲネス、アウグスティヌスなど。

占い、魔術、妖術の実践は悪魔との契約を必要とする。

中世の教会

古代教父の考えがそのまま受け継がれた。

悪魔との契約とは何か？

「悪魔との契約」とは、悪魔に願望を実現してもらう代わりに、自分の魂を引き渡すと約束することである。

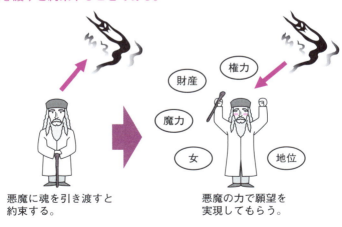

悪魔に魂を引き渡すと約束する。

悪魔の力で願望を実現してもらう。

財産／権力／魔力／女／地位

関連項目
●魔女→No.034　　●ファウスト博士→No.076

No.031
善なる自然魔術

中世ヨーロッパでは、神に由来する自然の神秘力を人間に作用させる魔術は善なる自然魔術であり、邪悪な魔術とは区別された。

●自然の神秘力に人間をつなげる魔術

　中世のキリスト教会は魔術を排斥したが、すべての魔術が対象だったわけではなかった。中世を通して、魔術に関するある判断基準が出来上がった。それは邪悪な魔術（悪魔的魔術・降霊術）と自然魔術の区別だった。

　ここでいう自然魔術とは神が創造した森羅万象に宿る自然の神秘力を人間に作用させる知識や技術のことである。たとえば、中世の人々は宝石には病を癒す力があると信じたが、それは星や惑星のエネルギーが伝わってきたものであり、その根源は神だった。したがって、宝石の癒しの力について研究し、それを実践することは自然魔術であって、間違ったことではないと見なされた。動物や植物の持つ超自然的パワーの研究も同じだった。

　中世ヨーロッパの大学者で、あまりに博識であることからローマ・カトリック教会から「普遍博士」と呼ばれた**アルベルトゥス・マグヌス**（1193年〜1280年）もそのように考えた。その考えでは、アラビアからもたらされた書物や錬金術の文献にそのような善の要素が多く見られるという。

　さらに、アルベルトゥスは薬草や石が持つ不思議な力を認め、それについて多くのことを書いた。たとえば、インド産のアメジスト（紫水晶）には、酔いを醒ます力がある。それは人を敏捷にし、興奮を鎮め、知性をもたらす。ベリル（緑柱石）は怠け癖をなくすのに役立つ。肝臓の痛みを和らげ、シャックリやゲップを止める効果がある。そして、当然、これらの効果は神の力が星を通じてもたらされたものだと考えた。

　このため、中世ヨーロッパでは自然魔術の範囲を定め、キリスト教に反しないように正当化する必要があった。しかし、自然魔術と悪魔的魔術の区別は困難なので、結局は、よい目的の魔術は正しく、悪い目的の魔術は間違っているという程度の区別しかできなかった。

自然魔術と邪悪な魔術の区別

- 神が創造した森羅万象に宿る自然の神秘力を探求する知識や技術。
- 善い魔術としてキリスト教に認められた。

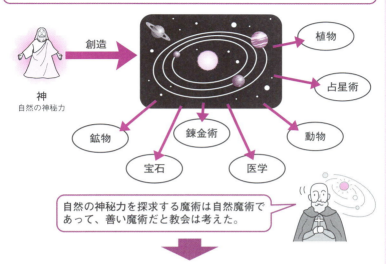

自然の神秘力を探求する魔術は自然魔術であって、善い魔術だと教会は考えた。

↓

自然魔術と邪悪な魔術を明確に区別しようとした。

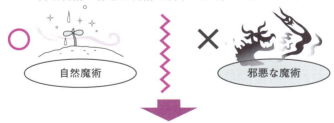

自然魔術と邪悪な魔術は厳密に区別できず、**魔術の目的によって正しい魔術と悪い魔術というように区別された。**

関連項目

●アルベルトゥス・マグヌス→No.029

No.032
民間魔術師

中世・近世のヨーロッパの村々では病気治療や犯人探しに魔術は不可欠であり、どの村にも民間の魔術師がおり、人々の相談に乗っていた。

●病気治療が基本の民間魔術師

　中世・近世のヨーロッパの村々にはどこにでも民間の魔術師がいた。カニングマン、ワイズウーマン、ウィッチなど呼び方はいろいろだった。

　民間魔術師の仕事の主なものは魔術治療だった。その時代は正規の医療施設が十分でなかったため、民間人の多くが民間療法に頼っていた。このような医療では伝統的に治療効果があるとされた薬草や鉱物も使われたが、同時に呪文やまじないなどの魔術も用いられた。また、魔術だけで治療しようとすることもあった。人々は**キリスト教**と関係するものには魔力があると信じていたので、呪文やまじないの中心になったのは、キリスト教のラテン語の祈祷文などだった。「アドナイ」「ヤハウェ」など神を表すヘブライ語も用いられた。

　遺失物や盗人の探索も民間魔術師の重要な仕事だった。盗みにあった場合、それを取り戻す方法は魔術くらいしかなかった。盗人を見つける魔術としては、篩と大バサミを使ったものが有名だった。篩の外側に大バサミをつけ、2人の人が大バサミを指先でつまんで篩を持ち上げる。そして、ペテロとパウロに、犯人は誰かと尋ね、複数の容疑者の名前を順番に呼ぶ。すると、真犯人の名が呼ばれたときに篩が回転するのである。

　占星術に類した占いや運勢判断、護符や愛の媚薬の販売も人気があった。博打に勝つのを保証してくれる護符、戦闘で傷を受けない護符、落雷から守られる護符など、無数の護符があった。恋愛は自由でなかったし、とくに女性はそうだったので愛の護符や媚薬は女性たちに人気があった。最も一般的な媚薬は植物性のものだった。古代から魔力を持つと恐れられていたマンドラゴラは媚薬の材料として最も有名なもので、別名を「愛のリンゴ」と呼ばれた。

民間魔術師の活動

民間の魔術師
・ヨーロッパのどの村にも存在していた。
・魔術治療、遺失物・盗人探索、運勢判断、護符、媚薬などを販売していた。

村人たちは何か問題が起こるとしばしば民間魔術師を頼った。

中世・近世の盗人探索魔術

手順
①ハサミの刺さっていない方の刃の取っ手を2人で指先でつまむ。
②一人が、容疑者の名をいった後、大声で所定の言葉を述べる。
③すると、それが犯人のときだけ、篩が回転する。

関連項目
●キリスト教→No.026

No.033
国王たちのロイヤル・タッチ

ロイヤル・タッチは、国王が手を触れるだけで病気を治すという奇跡的な癒しの魔術で、中世の英国とフランスで800年間も続けられた。

●国王が手で触れるだけで病気を治す

　ロイヤル・タッチは、中世の英国とフランスで800年間も続けられた、神秘的な癒しの魔術である。ロイヤル・タッチという言葉通り、国王が手を触れるだけで病気を治すというものである。

　当時、フランスと英国では国王自身がそれが可能だと主張し、民衆もまたそれを信じて王のもとに殺到した。ただし、癒される病気は現在、瘰癧（るいれき）と呼ばれるものに限られていた。それで、ロイヤル・タッチは「瘰癧さわり」と呼ばれることもある。また、瘰癧は国王がそれを治すと信じられたことから、英国では「王の病」、フランスでは「病の王者」と呼ばれた。

　ロイヤル・タッチの人気はすさまじかった。13世紀英国の場合、イングランド王エドワード1世（在位1272年〜1307年）は治世第28年の一年間に983人、第32年に1219人、第18年に1736人に対してロイヤル・タッチを行ったという。17世紀のチャールズ2世（在位1660年〜1685年）は1660年5月〜1664年9月の間に約2万3000人にロイヤル・タッチを行ったという。しかも、統治した全期間を通じ、約十万人に触れただろうと推定されている。

　国王が手で触れて治すというロイヤル・タッチの基本は変わらなかったが、その儀式は時代や地域によって変化した。17世紀のフランスの場合、期日は宗教的な大祭日に決まっていた。式場は普通はルーヴル宮殿の大歩廊（グランド・ガルリー）だった。王はロイヤル・タッチの前に慣例として、パンと葡萄酒の両方の聖体を拝領した。そして、式場にいる患者たちの間を巡りながら、病人一人一人について、素手で軽く傷や腫物に触れ、そのうえで十字を印した。このとき、「王、汝に触れる。神、汝を癒したもう」という決まり文句を唱えたという。

英国とフランスで人気のロイヤル・タッチ

ロイヤル・タッチ ➡
- 国王が手を触れて病気を治す魔術。
- 英国とフランスで人気があった。
- 瘰癧(るいれき)という病気に効果があるといわれた。

13世紀
イングランド王エドワード1世

一年間に1736人もロイヤル・タッチを行ったことがある。

17世紀
イングランド王チャールズ2世

1660年5月～1664年9月の間に約2万3000人にロイヤル・タッチを行った。

ロイヤル・タッチの儀式

17世紀フランスの場合、ロイヤル・タッチの儀式は次のようなものだった。

「王、汝に触れる。神、汝を癒やしたもう。」

期日	宗教的な大祭日。
場所	ルーヴル宮殿の大歩廊。
儀式	国王は患者たち一人一人の間を巡り、素手で軽く傷や腫物に触れ、そのうえで十字を印す。同時に「王、汝に触れる。神、汝を癒したもう」と唱える。

用語解説
- 瘰癧→結核菌によってリンパ腺の炎症を起こす病気で、化膿で顔がゆがんだ。中世ヨーロッパには多数の瘰癧患者がいた。

No.034
中世の魔女

中世ヨーロッパの魔女には恐ろしい妖術を使う者や薬草の知識に長けた者などがいたが、中世後半には悪魔に仕える魔女というイメージが生まれた。

●妖術を使う魔女から悪魔に仕える魔女へ

　中世ヨーロッパには大きく分けて二つのタイプの魔女がいた。一つは、魔術医療などを行う**民間の魔術師**で、この種の魔女は人々に恐れられてはいたが尊敬もされていて、社会に受け入れられていた。もう一つのタイプは邪悪な妖術を使い、様々な悪行を働く魔女だった。**古代の魔女**は邪悪な存在だが、同時に薬草などの特別な知識を持つものだったから、中世ヨーロッパの魔女も古代の魔女のイメージを引き継いだものだった。

　魔女が働く悪行は中世には農業と関係したものが多くなった。とくに北部ヨーロッパでは中世から農業が重要な産業となったので、魔女の悪行の大半が農業関係のものとなった。暴風、嵐、悪天候を起こしたり、作物を枯らしたり、隣人の家畜を病気にしたり死をもたらしたりするのである。男性を不能にしたり、女性を不妊にしたりすることもあった。頭痛になったりシラミに食われたりするという些細なことも魔女の仕業とされた。

　中世後半になると、魔女のイメージにさらに新しいタイプが加わった。悪魔に仕える魔女である。12・13世紀頃からヨーロッパでは多数の異端集団が活動するようになり、キリスト教会は彼らと激しく戦うようになった。キリスト教会は異端者たちを邪悪な存在とするため、異端者たちは悪魔に仕える者だというイメージを作り上げた。そして、異端者たちは真夜中に集会し、卑猥な乱交にふけったり、人間の赤ん坊や動物を生贄にすると考えた。このイメージがそのまま魔女に与えられ、魔女といえば悪魔に仕える者であり、真夜中に悪魔の主催するサバトという集会に参加し、乱交にふけったり、赤ん坊を悪魔に捧げたりすると考えられるようになった。ルネサンス時代のヨーロッパで魔女狩りが盛んになってしまったのも、このような魔女のイメージと関係があった。

中世ヨーロッパの魔女のタイプ

中世の魔女のタイプ

民間魔術師タイプ
病気治療、遺失物探索、護符の販売などを行った。

邪悪な魔女タイプ
黒魔術を使い様々な悪行を働いた。

中世末からの新しい魔女のタイプ

悪魔に仕える魔女
真夜中に悪魔の主催するサバトという集会に参加し、乱交にふけったり、赤ん坊を悪魔に捧げたりする。

魔女の悪行

魔女はいろいろな悪行を働いたが、中世にはとくに農業関係の悪行が多くなった。

農業関係の悪行
暴風、嵐、悪天候を起こす。
作物を枯らす。隣人の家畜を病気にする。
家畜を死なせる。

そのほかの悪行
男性を不能にする。女性を不妊にする。

関連項目
●民間の魔術師→No.032　　●古代の魔女→No.022

No.035 ドルイド教とケルトの魔術

ローマ帝国以前に大きな勢力を持っていたケルト民族の魔術は、キリスト教による禁止にもかかわらず、後々までも生き続けた。

●キリスト教以前のヨーロッパの伝統

　中世ヨーロッパの魔術にはケルト民族の魔術も溶け込んでいる。

　ケルト民族はローマ帝国成立以前の時代から、古代ヨーロッパに広く分布し、大きな勢力を誇っていた。彼らはドルイド教という独自の魔術的宗教を信じていたが、それは聖なる力を持つ樹木や泉などを崇拝し、輪廻転生を信じるものだった。

　ドルイド教にはドルイドという宗教的指導者階級があり、祭儀を取り仕切ったり、予言や呪術を行った。紀元後1世紀にローマ軍がウェールズのアングルシー島のドルイドの要塞を攻撃したときには、敵兵の中にドルイド僧が混ざっており、手を高く上げ、呪いの言葉を叫んでいたという。ケルト社会ではドルイドは非常に身分が高く、形式的なだけの王を差し置いて、実質的な権力を握っていた。

　長くドルイド教が生き残ったアイルランドでは、ドルイドは魔術師だと信じられていた。彼らは自由にどんなものにも変身でき、牡牛の皮の上で眠ることで意味を持つ夢を見たという。また、ドルイドは樹木のオークとヤドリギを尊び、魔術に利用した。神々、自然、天文、暦、薬草、治療に関する知恵の管理者でもあった。

　キリスト教が彼らの地域に広まるにつれ、教会はドルイド教や異教的な生贄の習慣、石や泉への崇拝などを禁止した。だが、表向きキリスト教になってからも古いドルイド教の習慣は生き残った。たとえば、ケルト世界では聖なる泉や井戸は魔術的治療効果を持つと信じられたが、キリスト教の時代になってからも民衆はその信仰を持ち続けた。ただ、その種の神秘的パワーの源泉がキリスト教の聖人の庇護のおかげだといい換えられたのである。

ドルイド教とは何か？

ドルイド教 ➡
- ケルト人の宗教。
- 樹木や泉などを崇拝し、輪廻転生を信じる。
- ドルイドという宗教的指導者階級がある。

自然崇拝

樹木　石　泉

死生観

輪廻転生

宗教指導者

ドルイド

アイルランドのドルイド

アイルランドではドルイドは魔術師であり、いろいろと不思議な技を使ったという。

オークとヤドリギを魔術に使う。

牡牛の皮の上で未来を夢見る。

どんなものにも変身できる。

神々、自然、天文、暦、薬草、治療に関する知恵の管理者。

関連項目
- キリスト教 → No.026

No.036
ルーン文字が持つ魔力

中世ヨーロッパでは古代北欧のルーン文字が、ヘブライ語と同じように
特別な魔力を持つ文字として暗号文や魔術書で利用されるようになった。

●魔術書や暗号文に利用された古文字

　ヨーロッパの魔術の中でも魔術書の分野では、ある時期からルーン文字の魔力が注目されるようになった。

　ルーン文字はドイツ北部とスカンジナビア半島でアルファベットとして使用された、ゲルマン人の古文字体系である。1世紀頃に、ギリシア文字やラテン文字などを参考にして成立したと見られている。ルーンには「神秘」とか「秘儀」という意味がある。

　その後、4世紀頃から始まったゲルマン人の民族移動によってルーン文字はヨーロッパ各地でも知られるようになった。11世紀頃にスカンジナビア半島まで**キリスト教**が広まると、徐々にラテン語が一般化し、ルーン文字は使われなくなった。そして、キリスト教が力を得るにつれてルーン文字は**ヘブライ語**の文字と同じく、文字そのものに魔力が宿っている魔術的な文字だと考えられるようになった。大っぴらに使うことはできなくなったが、その代わりに魔術目的で使われるようになった。

　14世紀のノルウェーでは黒魔術と同時にルーン文字の禁止令が出されたこともあった。ルーン文字の使用は北欧だけにとどまらず、14世紀にイタリアで書かれた魔術書の中にもルーン文字が登場した。また、ドイツ南部の写本にも使われた。魔術目的でのルーン文字の使用はとくにアイスランドで盛んだったようである。魔女狩りの時代にはルーン文字を使って魔術を行ったという罪で、多くの人々が**魔女**として処刑された。

　ルーン文字は暗号文にも使用された。精霊の名前を書くときにはルーン文字を用いることもあったが、その表記方法はでたらめで、意味不明だった。スウェーデンやノルウェーで作られた写本には、魔法陣にルーン文字を使ったものもあった。

ルーン文字とは何か？

ルーン文字 → ・1世紀頃成立したゲルマン人の古文字体系。
・スカンジナビア半島のアルファベット。

ルーン文字の魔力化の歴史

| 4世紀以降 | ゲルマン人の民族移動により、ヨーロッパ各地で知られるようになる。 |

| 11世紀 | キリスト教がスカンジナビア半島にまで広まると、ラテン語が一般化し、ルーン文字は使われなくなる。 |

文字そのものに魔力が宿った魔術的文字となる。

事例
・14世紀、ノルウェーで黒魔術とルーン文字禁止令が出る。
・14世紀、イタリアやドイツの魔術書にルーン文字が登場。
・16・17世紀、アイスランドでルーン文字の魔術を使った魔女が処刑される。
・ルーン文字は暗号文、精霊の名前、魔法陣などで使われた。

共通ゲルマン・ルーン文字

最も一般的なルーン文字が、共通ゲルマン・ルーン文字と呼ばれるものだ。占いなどでよく使われる。

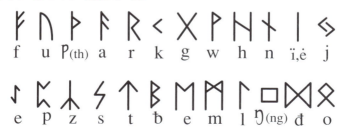

関連項目

●キリスト教→No.026　　　　　●魔女→No.034

No.037 ユダヤ人の魔術

中世以降の西洋魔術には、魔術書『ソロモン王の鍵』、数秘術ゲマトリア、カバラの神秘主義など、ユダヤ人の魔術が次々と取り込まれていった。

●西洋魔術の血肉となったユダヤの魔術

　西洋魔術の発展にはユダヤ人の魔術の影響が欠かせなかった。ユダヤ教の聖典である『旧約聖書』は魔術を敵視しているが、それは古くからユダヤ人が魔術と親しんでおり、一神教の時代になっても魔術に頼る者が多かったためだった。古代ユダヤのサウル王でさえ、死者に相談するためにエンドルに住む降霊術師に頼ったという話が旧約聖書にある。

　中世ヨーロッパには『**ソロモン王の鍵**』のように、「ソロモン王」が書いたとされる魔術書が数種類出回っていたが、ここでいうソロモン王とはもちろん古代ユダヤの王である。ソロモン王よりもはるかに古い時代のユダヤの英雄**モーセ**の名を冠した『**モーセ第8の書**』という魔術書も人気があった。ユダヤ人のみならず、ヨーロッパ人の間でも、モーセやソロモンが特別な魔術師だったと信じられていたからである。そして、これらの魔術書にはユダヤ的な魔術の要素がたくさん含まれていた。

　ユダヤの神秘主義者の間には、旧約聖書には世界の秘密が暗号として書かれているという信仰があり、それを解読するための種々の技法もあった。その代表は**数秘術**の一種**ゲマトリア**だが、この種の技法もヨーロッパの魔術師に取り入れられた。ユダヤ教とキリスト教の伝統ではヘブライ語は神が世界を創造したときに用いた言葉とされていたので、ヘブライ語の文字それ自体にも魔術的力があると考えられた。生命の木で有名なユダヤ神秘主義**カバラ**の思想は12世紀頃からヨーロッパに入り込んだが、ルネサンス時代には大々的にヨーロッパの魔術に取り入れられた。ルネサンス時代最大の魔術師**アグリッパ**の代表作で、歴史上最も影響力を持った魔術書ともいわれる『**オカルト哲学**』や、近代で最も有名な**黄金の夜明け団**の高等魔術もカバラから大きな影響を受けている。

西洋魔術とユダヤ魔術の関係

西洋魔術はユダヤ人の魔術を取り込んで大いに発達した。

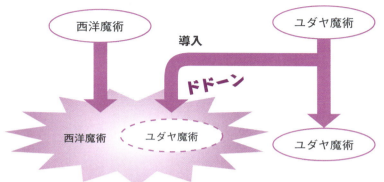

西洋魔術に導入されたユダヤの魔術

西洋魔術に取り込まれたユダヤ人の魔術には次のようなものがあった。

モーセの魔術書	ユダヤの伝説的魔術師モーセが書いたという魔術書。『モーセ第8の書』など。
ソロモン王の魔術書	ユダヤの伝説的魔術師ソロモン王が書いたという魔術書。『ソロモン王の遺言』『ソロモン王の鍵』など。
ゲマトリア	数秘術の一種。
ヘブライ語	神が世界を創造したときに用いた魔力ある言葉。
カバラ	生命の木で有名なユダヤ教神秘主義。

関連項目
- 『ソロモン王の鍵』→No.041
- モーセ→No.038
- 数秘術→No.009
- ゲマトリア→No.044
- カバラ→No.042／No.043
- アグリッパ→No.073
- 『オカルト哲学』→No.074
- 黄金の夜明け団→No.096

No.038
モーセの魔術

モーセは古代ユダヤの英雄である。神から特別な秘密の知識を授かり、ユダヤの魔術の祖になったという伝説がある。

●エジプト魔術のすべてを体得した英雄

ユダヤ人の魔術の世界では、魔術の祖として最も有名なのはモーセだった。モーセは旧約聖書に登場する古代ユダヤの英雄で、歴史的には紀元前13世紀頃の人である。

旧約聖書によれば、当時、ヘブライ人（ユダヤ人）たちはエジプトで奴隷として使役されていた。モーセもその地で生まれたが、やがて民族の解放を訴えるようになった。そして、エジプトの魔術師と対決し、川の水を血に変えたり、エジプト全土をイナゴに襲わせたり、雹を降らせて農作物を壊滅させたり、海を二つに割ったりした。このような不思議な行いはまったく魔術としか見えないものだが、古代ユダヤ人の宗教観では、モーセによる預言と奇跡はエジプトの魔術師の魔術とは区別された。モーセの力は唯一の神からもたらされたのであり、堕天使や悪魔に由来するエジプトの魔術とは違うとされた。

モーセには有名な魔術の伝説がもう一つある。旧約聖書では、モーセは「十戒」の書かれた石板と律法をシナイ山上で神から授けられたとされている。それで人々は、旧約聖書の最初の5書（創世記、出エジプト記、レビ記、民数記、申命記）は神から授けられた律法をモーセ自身が書き残したものと信じ、これらの書を「モーセ五書」と呼んだ。ここから新しい伝説が生まれた。モーセは十戒やモーセ五書に書かれていること以外に、特別な秘密の知識（魔術）を神から授かっていたというのである。

中世末期頃からは、モーセはエジプトの魔術と神秘学をすべて体得した人物と信じられるようになった。旧約聖書には、モーセはエジプトの王族に育てられ、エジプト人のあらゆる教育を受けたと書かれているが、その教育には当然、エジプトの魔術と神秘学も含まれているはずだからだ。

モーセとは？

モーセ ➡ ・旧約聖書に登場する古代ユダヤの英雄。
・紀元前13世紀頃の人。

⬇

ユダヤの魔術の祖

モーセの魔術伝説

モーセの魔術　　旧約聖書によれば、モーセは当時エジプトで奴隷だったユダヤ民族を解放するため、様々な魔術を使ったという。

モーセ

| エジプト中に雹を降らせる。 |
| 大量のイナゴを出現させる。 |
| 海を二つに裂く。 |
| 川の水を血に変える。 |

モーセが神から授かった知識　　モーセはシナイ山上で神から様々な知識を授かったという。

神

➡ 律法 … 『創世記』『出エジプト記』『レビ記』『民数記』『申命記』のモーセ五書に書き残す。

➡ その他 … 魔術という秘密の神の知識。

関連項目
●ユダヤ人の魔術→No.037

No.039
ソロモン王の魔術

神から知恵と見識を授けられたとされるソロモン王はユダヤ世界だけでなく、西洋でも伝説的魔術師として絶大な影響力を持った。

●神秘的な知識に通じ、悪魔を自由に操った王

ユダヤの魔術はモーセに始まるとされているが、その伝統の中で最も傑出した人物は、イスラエル王国第3代国王（在位紀元前965年～前925年）のソロモン王だった。

ソロモン王が傑出した魔術師だったという伝説の根拠は旧約聖書の記述にある。実在のソロモン王はダビデの息子であり、王国の最盛期を築いたことで知られている。だが、彼は権力者として偉大なだけではなかった。旧約聖書によれば、ソロモン王は神から知恵と見識を授けられ、エジプト中の英知を集めたよりも優れていた。シバの女王がソロモン王を訪ね、多くの難しい謎について質問したときも、そのすべてに的確に答え、賢人ぶりをいかんなく発揮した。また、旧約聖書の「箴言」に収められた格言や歌の多くがソロモン王によって作られたとされている。

こうした記述を根拠にして、新しい伝説が生まれてきた。

1世紀のユダヤ人歴史家ヨセフスによれば、ソロモン王は3000冊の本を書いたが、その中には多数の魔術書も含まれていたという。1～5世紀頃にはソロモン王が書いたという『**ソロモン王の遺言**』という魔術書が作られた。これには聖なる神殿の建築作業を悪魔たちが邪魔したということが書かれている。しかし、ソロモン王が祈ると天使ミカエルが神から与えられた指輪を持ってきた。この指輪に悪魔たちを支配下に置くソロモン王の紋章が刻まれており、ソロモン王は多数の悪魔たちに手伝わせて驚くべき速さで神殿を完成させたという。

このようにして、ソロモン王は偉大な魔術師だったという伝説は確立し、西洋世界の魔術師からも崇められるようになったのである。

ソロモン王とは？

ソロモン王 → ・イスラエル王国の第3代国王で、王国の最盛期を築く。
・ユダヤ世界で最も傑出した魔術師と信じられた。

ソロモン王の魔術伝説

1世紀のユダヤの歴史家ヨセフス ― ソロモン王は3000冊の本を書いた。その中には多数の魔術書も含まれていた。

1〜5世紀の『ソロモン王の遺言』 ― 神から指輪を授かり、多数の悪魔を使役して驚くべき速さで聖なる神殿を完成させた。

↓

ソロモン王は偉大な魔術師

その根拠は？

聖書によると…
・ソロモン王は神から知恵と見識を授けられた。
・エジプト中の英知を集めたよりも優れていた。
・シバの女王の質問のすべてに的確に答えた。
・旧約聖書の「箴言」に収められた格言や歌の多くがソロモン王によって作られたとされている。

ソロモン王はあまりにも優れていたため、魔術にも優れていたと考えられたのだ！

関連項目
●ユダヤの魔術→No.037　　　●『ソロモン王の遺言』→No.040

No.040
『ソロモン王の遺言』

『ソロモン王の遺言』はソロモン王の名を冠した魔術書の中でも最も古く、ここに登場する悪魔の名前や能力は後代の魔術書に取り入れられた。

●お馴染みの悪魔たちが初出する魔術書

　古代ユダヤの最も傑出した魔術師といわれるソロモン王はヨーロッパの魔術書の歴史においても重要な役割を果たした。

　ヨーロッパで最も人気の高い魔術書は**『ソロモン王の鍵』**だが、この本のようにソロモン王の名を冠した魔術書が非常に古くから存在していた。中でも最も古いとされるのは、紀元後1～5世紀頃のエジプトで、ギリシア語で書かれた『ソロモン王の遺言』である。次のような内容である。

　紀元前10世紀のイスラエル王国の国王ソロモンが聖なる神殿を築いていたときのこと。悪魔たちが職人たちを苦しめ、神殿の建築を妨害した。ソロモン王が神に祈ると大天使ミカエルが、神から与えられた魔法の指輪を持ってきた。この指輪に悪魔たちを支配下に置くソロモン王の紋章が刻まれており、ソロモン王は多数の悪魔たちに手伝わせて驚くべき速さで神殿を完成させるのである。

　登場する悪魔は、ベルゼブブやアスモデウス、レビヤタンといった有名な霊のほか、占星術的な意味を持つ36**デカン**の悪魔である。しかも、悪魔たちは皆、魔法の指輪の力で無理やり呼び出され、自分たちの名前や力、命令するために必要となる呪文などを告白しているのである。

　しかし、ソロモン王は最後には異国から来た女性に夢中になり、神から与えられた聖なる力を失ってしまう。そして、ソロモン王自身が、この本の読者たちは決して自分のような過ちを犯してはいけないと忠告することで物語は終わる。その意味で、この本は戒めと教訓を語った宗教書だったのだが、それにもかかわらず中世の多くの人々によって悪魔を操るための魔術書として読まれた。そして、この本に記された悪魔の名前や力が後の時代の魔術書にも取り入れられることになった。

『ソロモン王の遺言』とは何か？

『ソロモン王の遺言』
- 1～5世紀頃にギリシア語で書かれたソロモン王の名を持つ最初の魔術書。
- 内容は教訓のための宗教書だったが、魔術書として読まれた。

『ソロモン王の遺言』に登場する悪魔たち

●有名な悪魔

| ベルゼブブ | アスモデウス | レビヤタン |

●36デカンの悪魔
数字はデカンの番号。

1	ルアクス	13	ボベル	25	アナトレト
2	バルサファエル	14	クメアテル	26	エネヌト
3	アロトサエル	15	ロエレド	27	フェト
4	イウダル	16	アトラクス	28	ハルパクス
5	記載なし	17	イエロバエル	29	アノステル
6	スフェドナエル	18	ブルドゥメク	30	アレボリト
7	スファンドル	19	ナオト	31	ヘフェシミレト
8	ベルベル	20	マルデロ	32	イクシオン
9	クルタエル	21	アラト	33	アグコニオン
10	メタシアクス	22	記載なし	34	アウトシト
11	カタニコタエル	23	ネフサダ	35	フセノト
12	サファソラエル	24	アクトン	36	ビアナキト

この本に登場する悪魔は後の時代の魔術書にも取り入れられた。

用語解説／関連項目
- **デカン**→占星術で、天球上の黄道を30度ずつ12分割したものがサイン（宮）、10度ずつ36分割したものがデカンである。
- 『ソロモン王の鍵』→No.041

No.041
『ソロモン王の鍵』

中世以降、ヨーロッパでは数多くの魔術書が作られたが、その中で最も有名なものには、ユダヤ最高の魔術師ソロモン王の名が冠されていた。

●ヨーロッパで最も有名になった魔術書

　ヨーロッパ魔術における**ユダヤ魔術**の影響は、ヨーロッパで最も有名な**魔術書**が『ソロモン王の鍵』(『ソロモン王の大きな鍵』とも呼ばれる)であったことからもうかがえる。

　紀元後1～5世紀頃にソロモン王の名を冠した最初の魔術書『**ソロモン王の遺言**』が登場したが、ソロモン王の人気は相当に高かったようで、以降も、ソロモン王によるとされる魔術書が次々と登場した。『ソロモン王の剣』『アルマデルの術』『気高き術』といった魔術書である。13世紀の**大学者アルベルトゥス・マグヌス**は、その時代にソロモン王によるとされる魔術書が5冊出回っていたと書いている。

　『ソロモン王の鍵』もこの種の魔術書の一冊で、歴史的には14・15世紀頃に作られたらしい。16世紀のローマ教皇パウルス4世は『ソロモン王の鍵』を邪悪な本の代表として禁書に指定したが、人気は衰えないどころか、逆に高まってしまった。そして、近代初頭のイタリアでは『ソロモン王の鍵』が大ヒット作となった。

　その内容は、この世界に住む様々な霊を召喚し、命令し、自分の願望を叶える方法の解説であり、そのために必要となるナイフ、短剣、杖、棒などの道具や材料、占星術的に必要な時間、護符や魔除けのシンボル、呪文などが詳しく書かれていた。

　人気が高かっただけに、影響力も大きかった。ルネサンスから近代初期の時代にかけてヨーロッパでは数多くの魔術書が作られたが、その多くが『ソロモン王の鍵』の影響を受けて作られた。『レメゲトン』(『**ソロモン王の小さな鍵**』)はもちろんのこと、『大奥義書』『小アルベール』『黒い雌鳥』『ホノリウス教皇の魔道書』などがそうだった。

『ソロモン王の鍵』とは何か？

『ソロモン王の鍵』 ➡
- ヨーロッパで最も有名な魔術書。
- ソロモン王が書いたといわれる。
- 事実は14・15世紀頃に作られた。

内容は？
- 世界に住む様々な霊を召喚し、命令し、自分の願望を叶える方法の解説。
- 必要となるナイフ、短剣、杖、棒などの道具や材料、占星術的に必要な時間、護符や魔除けのシンボル、呪文などの解説。

『ソロモン王の鍵』の影響

ルネサンスから近代初期の時代にかけて『ソロモン王の鍵』の影響下に多数の魔術書が作られた。

レメゲトン　17世紀頃成立。別名『ソロモン王の小さな鍵』。ソロモン王の72悪魔の解説があることで有名。

大奥義書　18世紀頃イタリアで作られた魔術書。悪魔宰相ルキフゲを召喚し、財宝を手に入れる方法が書かれていた。

小アルベール　17世紀フランスで出版された魔術書。泥棒の道具である『栄光の手』の作り方が書かれていた。

黒い雌鳥　1820年フランスで出版された魔術書。黄金を見つける「黒い雌鶏」の作り方が書かれていた。

ホノリウス教皇の魔道書　17世紀後半にローマで作られた魔術書。1700年頃のパリで『ソロモン王の鍵』に次いで人気があった。

関連項目
- ユダヤ魔術→No.037
- 魔術書→No.079
- 『ソロモン王の遺言』→No.040
- アルベルトゥス・マグヌス→No.029
- 『ソロモン王の小さな鍵』→No.080

No.042
秘教カバラ

神との合一を目指したユダヤの神秘思想であるカバラは、15世紀頃からヨーロッパ人を虜にし、近代の魔術師にも多大な影響を与えた。

●ヨーロッパの魔術師を虜にしたユダヤの神秘思想

　15世紀にイタリアの哲学者ピコ・デラ・ミンドラが注目したことで、カバラという**ユダヤ**の神秘主義思想が、ルネサンス時代のヨーロッパ魔術に大きな影響を与えるようになった。近代の魔術師**エリファス・レヴィ**、**メイザース、クロウリー**などもカバラから非常に大きな影響を受けた。

　カバラの前身は紀元後1世紀頃に興ったユダヤのメルカバの神秘思想だった。それは、瞑想によって天球層を第七天まで上昇し、戦車（メルカバ）に座る神の姿を直接見ることを目的としていたが、この影響のもとに、3～5世紀の間にカバラの古典的文献『セーフェル・イェーツィーラー』（『創造の書』）が書かれた。

　その後、12～13世紀頃から南フランスやスペインでユダヤ神秘主義者の集団が活躍するようになり、自分たちの思想をカバラと呼ぶようになった。ヘブライ語の「カバラ」という語は古くは単に「伝承」という意味だった。カバラ文献中最も重要とされる『セーフェル・ゾーハル』（『光輝の書』）も13世紀にスペインで書かれた。

　カバラの目的は、旧約聖書に隠された秘密の解釈や、宇宙の階梯を上る瞑想などによって神と対面することだった。そのための奥義が集約された象徴として古くから「**生命の木**」（セフィロトの木）が知られている。これは、神々の名、数、天球層を結びつけることで作られた、天に昇るための階梯の一種である。

　旧約聖書の記述などからこの世の秘密を知るための技法としては、文字を数字に置き換えることで正しい解釈に到達する「**ゲマトリア**」、一つの単語に複数の単語が含まれていると考える「ノタリコン」、単語の文字を並べ換えて解釈する「テムラー」などがあった。

カバラの歴史

カバラ ➡
・ユダヤ教の神秘思想。
・神の世界に昇ることを目指す。
・「生命の木」の象徴が有名。

| 起源 | 1世紀頃、メルカバの神秘思想が興る。 |

| 誕生 | 3～5世紀頃、カバラの古典的文献『セーフェル・イェーツィーラー』（『創造の書』）が書かれる。 |

| 成長 | 12～13世紀頃、南フランス・スペインでユダヤ神秘主義者の集団が活躍。自らの思想を「カバラ」と呼ぶ。 |

| 影響 | 15世紀頃から、西洋魔術に大きな影響を与える。 |

カバラの奥義と技法

生命の木

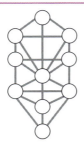

神々の名、数、天球層を結びつけて作られた、天に昇るための階梯。

暗号解読法

●ゲマトリア
文字を数字に置き換えることで正しい解釈に到達。

●ノタリコン
一つの単語に複数の単語が含まれていると考える。

●テムラー
単語の文字を並べ換えて解釈する。

関連項目

- ユダヤ→No.037
- エリファス・レヴィ→No.092
- メイザース→No.098
- クロウリー→No.099
- 生命の木→No.043
- ゲマトリア→No.044

No.043
カバラの奥義「生命の木」

カバラの奥義とされる「生命の木」は新プラトン主義の影響から生まれ、近代の西欧の高等魔術にも取り入れられ、最重要の技法となった。

●新プラトン主義の影響で生まれた「生命の木」

「生命の木」（セフィロトの木）は、神のそばに到達することを目指すカバラの奥義が集約されたものとしてよく取り上げられるテーマである。3〜5世紀頃に成立したと見られるカバラの古典的文献『創造の書』にはすでに生命の木の解説が載せられていたので、かなり古くからある思想だとわかる。しかし、生命の木の思想は古代**ユダヤ**の神学から出たものではなく、3世紀に誕生した**新プラトン主義**の影響から生まれたと見られている。新プラトン主義では宇宙は神の霊が流出することで生まれたと考えるが、その考え方がそのままユダヤの神秘主義思想に取り入れられ、カバラの技法として生まれ変わったのである。

「生命の木」は唯一の神によって造られた宇宙の形成過程と構成要素を象徴的に表したもので、1〜10の数字を割り振られた10個の球体のセフィラー（セフィロトの単数形）と、それらを結ぶ22本の小径でできている。セフィロトは一種の小宇宙で、神から流出した霊でできているが、上に位置するものほど神に近く純粋で、下位のものほど不純であり物質的だとされている。そして、カバラの術者は最下位の「マルクト」から出発し、22本の小道を使ってそれぞれのセフィラーを会得し、霊的に自己を高め、全宇宙の中で最高の存在である「ケテル」への到達を目指すというのが生命の木の思想である。

もともとが新プラトン主義の影響を受けているためか、この考え方はほとんどそのまま近代の西洋魔術にも取り入れられた。とくに、19世紀末に誕生した秘教的な魔術結社「**黄金の夜明け団**」系統の高等魔術においては、カバラ主義者がそう考えたように、生命の木を正しく理解し、瞑想することが、魔術の実践に不可欠のこととされた。

「生命の木」とは何か?

生命の木
- カバラの奥義を集約した象徴。
- 神が創造した宇宙の形成過程と構成要素を象徴的に表す。

起源は？　神の霊が流出して宇宙が生まれたとする新プラトン主義の影響から生まれた。

| 新プラトン主義 | 3世紀頃 |

 ユダヤの神秘主義思想

| 「生命の木」の誕生 | 3〜5世紀頃 |

ほとんどそのまま近代の西洋魔術にも取り入れられた。

『生命の木』の使用法

① カバラ術者は10の「マルクト（王国）」から出発。
② 各セフィラーの神の属性を会得し、霊的な自己を高める。
③ 最高の存在、1の「ケテル（王冠）」を目指す。

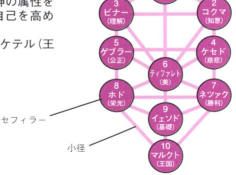

関連項目
- ユダヤ→No.037
- 新プラトン主義→No.013
- 黄金の夜明け団→No.096

No.044 ゲマトリアの発展

ゲマトリアは暗号で書かれた旧約聖書の真の意味を探求するために開発された、文字と数値の組み合わせを利用した数学的暗号解読法である。

●ゲマトリアを高度化したカバラ主義者

　カバラ主義者たちは旧約聖書の真の意味はその表面的な言葉の中にあるのではなく、その背後に暗号として隠されていると信じていた。その暗号を読み解くための技法の一つがゲマトリアである。これは、ヘブライ語によって書かれたある言葉の文字を数値に置き換え、それを合計し、合計が同じになる別の言葉に置き換えるという方法である。これによって、表面的な意味とは別の隠された意味を発見できると考えるのだ。聖書が書かれているヘブライ語の22文字は、A = 1、B = 2、…、R = 200というように、それぞれ数字と対応しているため、こうしたことが可能になる。

　たとえば、唯一神を指すエホヴァ「יהוה」（右から読む）の数値は「10、5、6、5」で合計26である。そこで、もしどこかに合計数値が26となる単語が見つかった場合、それは神を表している可能性があると考えるのである。

　ゲマトリアの起源は紀元前8世紀の古代バビロニア王サルゴン2世にまでさかのぼることができるという。サルゴン王は長大な壁を築いたが、その長さは彼自身の名前を数値に置き換えたものだった。古代ギリシア人もゲマトリアを夢の解釈に用いた。これが古代のユダヤ世界に入って占いに用いられるようになったのが、ユダヤ人がゲマトリアを利用した最初だった。1世紀頃アレクサンドリアのフィロンはユダヤ人が使うゲマトリアについて考察しているので、その時代にはこの技術が**ユダヤ**世界でよく使われていたことがわかる。これが中世を通じて徐々に発展し、占い、予知、魔術、現世利益のために役立てようとする通俗的なカバラとして成長した。そして、1200年頃にドイツに住んでいたカバラ主義者エレアザールによって集大成され、現在のようなゲマトリアになったという。

ゲマトリアとは何か？

ゲマトリア ▶
・カバラ主義者が旧約聖書の暗号を読み解くために使うヘブライ文字を使った数秘術の一種。
・文字を数値に置き換え、合計が同じになる別の言葉に置き換えて使う。

その歴史は？

紀元前8世紀、古代バビロニア王サルゴン2世は長大な壁の長さをゲマトリアで決定した。

▼

古代ギリシア人はゲマトリアを夢の解釈に用いた。

▼

古代ユダヤ世界で占いに用いられるようになった。

▼

1200年頃、カバラ主義者エレアザールによって集大成される。

ヘブライ語と数値の対応

ヘブライ文字は以下のように数値と置き換えられる。

ヘブライ文字	名称	等価文字	数価
א	アレフ	A	1
ב	ベト	B	2
ג	ギメル	G	3
ד	ダレス	D	4
ה	ヘー	H	5
ו	ヴァウ	V	6
ז	ザイン	Z	7
ח	ケト	Ch	8
ט	テト	T	9
י	ヨド	I	10
כ (ך)	カフ	K	20（500）
ל	ラメド	L	30

ヘブライ文字	名称	等価文字	数価
מ (ם)	メム	M	40（600）
נ (ן)	ナン	N	50（700）
ס	サメク	S	60
ע	アイン	O	70
פ (ף)	ペー	P	80（800）
צ (ץ)	ツァダイ	Tz	90（900）
ק	コフ	Q	100
ר	レシュ	R	200
ש	シン	Sh	300
ת	タウ	Th	400

注）カッコ内は末尾形の場合。

関連項目

●カバラ→No.042　　　●ユダヤ→No.037

No.045
アラビアの錬金術

古代エジプトで生まれた錬金術は、次の時代にはコンスタンチノープルに、続いてアラビア世界に伝わり、その地で大いに発展した。

●錬金術を発展させたアラビア世界

　4世紀にアレクサンドリアのキリスト教会が異教文化を大弾圧したことから**エジプトの錬金術**は衰退した。その後、錬金術の中心地はビザンチン（東ローマ帝国）のコンスタンチノープルに移り、哲学者ステファノスのような人々が地道な研究を続けた。しかし、錬金術がヨーロッパに入り込む以前に大きな役割を果たしたのは何といってもアラビア世界だった。

　アラビア人たちが錬金術の発展に果たした役割は、錬金術(alchemy)・蒸留器(alembic)・アルコール(alcohol)など、錬金術の重要な用語がすべてアラビア語の定冠詞alを持つことでもわかる。また、アラビア人たちは錬金術を医学に応用する道を大きく切り開いた。

　伝説によれば7世紀前半にエジプトを治めたウマイヤ王朝の教主ヤズィード1世の王子ハーリド・ブン・ヤズィード（？〜704年頃）がローマ生まれのアレクサンドリア人の行者モリアンから錬金術を学んだのが、錬金術がアラビア世界に入った最初だという。現実には、錬金術を研究したのは**グノーシス主義**や**新プラトン主義**の影響を受けたイスラムの神秘主義的教団だったと見られている。

　アラビアには有名な錬金術師も多かった。イスラム教徒で初めて錬金術を学んだという伝説のあるハーリドは『護符の書』『大小の覚え書きの書』などの錬金術書を書いたとされている。ジャービル・イブン・ハイヤーン（721年頃〜815年頃）は『アラビアンナイト』で有名なカリフ、ハールーン・アッラシードの宮廷に仕えた錬金術師だが、すべての物質は硫黄と水銀の結合で生まれるという理論を作った。アル・ラージー（865年〜925年頃）は9世紀のイスラム世界最大の学者で、黄金変成に必要な**エリキサ**（万能薬）の製造法を書き残したといわれている。

アラビア錬金術とは何か？

アラビア錬金術 ➡
- ビザンチンの錬金術を受け継いで発達。
- 錬金術（alchemy）・蒸留器（alembic）・アルコール（alcohol）など錬金術用語を作った。
- 錬金術の医学への応用を始めた。
- ヨーロッパの錬金術はアラビア経由で伝わった。

錬金術の中心地の移動

古代エジプトのアレクサンドリア　紀元前3世紀〜後4世紀
⬇　弾圧による錬金術研究の衰退（4世紀）。
ビザンチンのコンスタンチノープル　4世紀〜8世紀
⬇　イスラム帝国の台頭（7世紀〜8世紀）。
アラビア世界　8世紀〜11世紀
⬇　十字軍運動。
ヨーロッパ　12世紀〜17世紀

有名なイスラムの錬金術師

アラビア世界にも有名な錬金術師が多数輩出した。

ハーリド・ブン・ヤズィード
？〜704年頃
業績
『護符の書』『大小の覚え書きの書』。

ジャービル・イブン・ハイヤーン
721年頃〜815年頃
業績
硫黄・水銀理論。

アル・ラージー
865年〜925年頃
業績
エリキサの製造法を書き残す。

アヴィケンナ
980年〜1037年頃
業績
アラビア医学の権威者。

関連項目
- エジプトの錬金術→No.015
- グノーシス主義→No.011
- 新プラトン主義→No.013
- エリキサ→No.047

No.046
ヨーロッパの錬金術

錬金術は古代エジプトで誕生したが、ヨーロッパ人が錬金術を知ったのは、11世紀末になってアラビア世界の学問に出会ってからだった。

●アラビア経由の錬金術が大流行する

　錬金術は**古代エジプトで誕生**したが、ヨーロッパ人は長い間それを知らなかった。ヨーロッパ人が錬金術を知ったのはアラビア世界の学問が輸入されるようになった12世紀になってからだった。11世紀末から始まった十字軍による中近東への遠征が切っ掛けだった。この時代に英国人チェスターのロバート、バースのアデラード、クレモナのゲラルドなどの翻訳家が、錬金術を含む様々なアラビアの文献を西欧世界に紹介した。

　こうして12世紀中頃から西欧でも錬金術が流行するようになった。**ヘルメス・トリスメギストス**の著作もヨーロッパ人に知られるようになったが、とくに注目されたのは、ヘルメスが錬金術の奥義を短い文章にまとめたという伝説を持つ「エメラルド板」だった。このときから、西欧の**錬金術師**のほとんどがエメラルド板の解釈を試みるようになった。

　13世紀になると、**アルベルトゥス・マグヌス**、トマス・アクィナス、ロジャー・ベーコンといった大学者が活躍した。彼らはあらゆる学問を研究したが、その中に錬金術も含まれていた。そして、彼らが皆、黄金変成の可能性を認めたため、錬金術は一層期待されるものになった。

　その後、いかにも錬金術師らしい人々が活躍するようになった。ヨーロッパの初期の錬金術師で有名なのはカタロニア人ヴィルヌブのアルノーだった。彼は医師、外交官でもあり、錬金術の様々な科学的実験に熱中した。そして、錬金術の奥義に達し、それを同じカタロニア人のライムンドゥス・ルルスに伝授したという伝説がある。このルルスがヨーロッパで最初の黄金変成に成功したといわれている。14世紀以降、**ニコラ・フラメル**、ドニ・ザシェール、アレクサンダー・セトン、リヒトハウゼンなど多数の錬金術師が登場し、しかも黄金変成を成功させたといわれている。

ヨーロッパ錬金術の始まりと展開

ヨーロッパの錬金術の始まり

11世紀末から始まった十字軍による中近東への遠征を切っ掛けに、アラビアの諸学問がヨーロッパに導入されるようになった。

イスラム学問の翻訳時代

・英国人チェスターのロバート（1100年～1160年）。
・英国人バースのアデラード（1090年～1150年頃）。
・クレモナのゲラルド（1114年頃～1187年頃）。

12世紀中には「エメラルド板」も有名になった。

大学者たちが錬金術を承認

・アルベルトゥス・マグヌス（1193年～1280年）。
・トマス・アクィナス（1225年頃～1274年）。
・ロジャー・ベーコン（1214年～1294年）。

最初の黄金変成伝説の誕生

・ヴィルヌブのアルノー（1240年頃～1311年）。
・ライムンドゥス・ルルス（1235年頃～1361年）。

錬金術の最盛期

・ニコラ・フラメル（1330年頃～1418年）。
・ドニ・ザシェール（1519年～1566年）。
・アレクサンダー・セトン（？～1604年）。
・リヒトハウゼン（17世紀の人）。

関連項目
● 古代エジプトで誕生→No.015
● ヘルメス・トリスメギストス→No.014
● 錬金術師→No.048
● アルベルトゥス・マグヌス→No.029
● ニコラ・フラメル→No.048

No.047 賢者の石

黄金変成を可能にする「賢者の石」があるという考えは錬金術のアラビア時代に生まれ、それがヨーロッパに入り込んで大流行したものだった。

●錬金術の目的となった「賢者の石」

　中世のヨーロッパでは、**錬金術**の目的は「賢者の石」を作ることだと考えられ、錬金術師たちは皆、賢者の石を作ることに熱中した。賢者の石は別名を「哲学者の石」ともいい、黄金変成だけでなく、不老不死、人間の霊性の完成など、錬金術の目的のすべてを達成してくれる万能の石である。

　しかし、賢者の石は古代から存在したわけではなかった。

　物質の変成に重大な影響を持つ特別な物質があるという考えは古代からあった。古代にはそれは鉛だった。当時から鉛を利用することで不純な貴金属から純粋な金や銀を取り出す精製方法が知られていたからだ。

　中世のアラビアでは水銀と硫黄が注目され、水銀と硫黄を結合させることで、万病を治し、黄金変成を可能にするエリキサ（万能薬）が作られると考えられた。そして、水銀と硫黄から構成される特別な石があるという考えが生まれた。アラビア最高の錬金術師と称される**ジャービル・イブン・ハイヤーン**もそう考えたといわれている。

　この思想がヨーロッパに入り込み、賢者の石という概念が確立することになった。賢者の石は、石と呼ばれているが、その形態は石であることも、粉末のことも、液体のこともあった。しかし、その形態にかかわらず、賢者の石は錬金術の目的を達成するために必要不可欠なものとされ、賢者の石を作ることが**ヨーロッパの錬金術師**の目標となったのである。

　16世紀の錬金術師**パラケルスス**は賢者の石に似たものとして、アルカヘスト（万物融化剤）を考えた。その名の通りあらゆる物質を溶かし、**第一質料**に還元する物質だ。しかし、仮にそんな物質があったとしても、どんな容器も溶かしてしまい保存できないので、ほかの錬金術師にはあまり支持されなかった。

賢者の石とは何か？

賢者の石 ➡ ・黄金変成、不老不死、人間の霊性の完成など、すべてを可能にする万能の石。

★賢者の石は石と呼ばれているが形態は様々だった。

石(固体)　　　　粉末　　　　液体

物質を変成させる物質

物質の変成に重大な影響を持つとされた物資は古代から存在していた。

古代　鉛

鉛を使い、金や銀を精製した。

中世アラビア　エリキサ

水銀と硫黄から構成された万能薬。ジャービルは、これは石の形だと考えた。

中世ヨーロッパ　賢者の石

水銀と硫黄から構成された万能の石。

パラケルスス　アルカヘスト

あらゆる物質を溶かし、第一質料に還元する物質。

用語解説／関連項目
- 第一質料→アリストテレスや中世ヨーロッパの物理学で、宇宙のあらゆる物質のもとになっていると考えられた純粋な基本物質。
- 錬金術→No.046
- ジャービル・イブン・ハイヤーン→No.045
- ヨーロッパの錬金術師→No.048
- パラケルスス→No.075

No.048
有名な錬金術師たち

錬金術は15世紀のヨーロッパで花開き、黄金変成に成功したという高名な錬金術師が次々と登場するようになった。

●錬金術が花開いた15世紀のヨーロッパ

　ヨーロッパで**錬金術**が大いなる学問として花開いたのは15世紀だった。この時代からいかにも錬金術師らしい人物が次々と登場するようになった。

　先駆けとなったのは14世紀にパリで代書人をしていたニコラ・フラメル（1330年頃〜1418年）だった。彼は妻ペルネルの協力で24年間も研究を続け、ついにユダヤ人アブラハムなる人物の錬金術書を発見し、黄金変成に成功したという。晩年、彼は莫大な金額を慈善事業に費やしたが、この金は錬金術によって得られたものだといわれている。

　フラメルの影響なのか、これ以降、黄金変成に成功したといわれる高名な錬金術師が次々と登場した。

　フランスの名門の医師の家に生まれたトレヴィのレオナルド（1406年頃〜1490年頃）は14歳で錬金術の研究を始め、**アル・ラージー**、**ジャービル**などの達人たちの錬金術書を参考に何度も実験を繰り返した。その結果、彼は62歳までに全財産を失ってしまったが、その後はロードス島に移り、73歳のときに**賢者の石**の製造に成功したといわれている。

　15世紀初めにイングランドに生まれたといわれるジョージ・リプリーは若くして修道士となったが、ヨーロッパ各地を回り、錬金術を学んだ。そして、錬金術で黄金を作っては、ロードス島の聖ヨハネ騎士団のために毎年10万ポンド以上も寄付するようになったという。『錬金術の化合物』『錬金術の精髄』などの錬金術書を書いたことでも知られている。

　1413年頃にエルフルトでベネディクト会の修道士をしていたといわれるバシリウス・ヴァレンティヌスは数多くの錬金術書の著者とされていることで有名である。中でも『12の鍵』は、様々な象徴的図形を用いた錬金術書として注目されている。

15世紀ヨーロッパの有名な錬金術師

> ニコラ・フラメル（1330年頃〜1418年）

妻ペルネルの協力で24年間も研究を続け、1382年のある日、賢者の石を作り、3度の黄金変成に成功する。

莫大な財産を作り、晩年は慈善事業に尽くす。永遠の生命を手に入れ、妻と2人で別の土地に移り、幸せに暮らしているという伝説がある。

> トレヴィのレオナルド（1406年頃〜1490年頃）

フランスの名門の医師の家に生まれたが、錬金術に熱中し、62歳までに全財産を失う。

ロードス島に移り、さらに研究を続け、73歳のときに賢者の石の製造に成功。

> ジョージ・リプリー（15世紀初め〜1490年頃）

イングランド生まれで、若くして修道士になりヨーロッパ各地を回り、錬金術を学ぶ。

黄金変成に成功し、ロードス島の聖ヨハネ騎士団のために毎年10万ポンド以上も寄付する。錬金術書『錬金術の化合物』『錬金術の精髄』を書く。

> バシリウス・ヴァレンティヌス（15世紀の人）

1413年頃にエルフルトでベネディクト会の修道士をし、多数の錬金術書を書いた。とくに『12の鍵』は、様々な象徴的図形を用いた錬金術書として注目される。

関連項目
- 錬金術→No.046
- アル・ラージー、ジャービル→No.045
- 賢者の石→No.047

No.049 中世の西洋占星術

ギリシア・ローマ時代に発達した占星術はアラビア世界に受け継がれ、12世紀に再びヨーロッパにもたらされた。これにより西洋占星術が復活した。

●14世紀から大流行した占星術

古代ギリシア・ローマ世界で発達した占星術は、**錬金術**がそうだったようにローマ帝国崩壊後はアラビア世界に受け継がれた。中世初期のヨーロッパでは強大なキリスト教会が占星術を異教のものとして排撃しただけでなく、そもそも文明自体が衰退してしまったために、占星術に関する伝統もほとんど失われてしまった。それが再び復活し、人々の関心を集めるのはヨーロッパとイスラム世界が接触する12世紀になってからだった。

こうしてヨーロッパにもたらされたアラビア占星術は、**プトレマイオス**の古典的占星術とそっくり同じものではなかった。ギリシア・ローマ由来の占星術は個人の運勢判断を中心にしていたが、アラビア占星術は盗人や盗品の発見、友人や結婚相手の財産の有無の判断、何かを行うための吉日の判定、大災害・病気・飢饉・戦争などの前兆の判断などに重心が移っていた。これは、アラビア占星術がギリシア・ローマ由来の占星術だけでなく、インドなどの東方由来の占星術も取り入れて成立したためだった。

キリスト教会は運命が神ではなく星に依存するというような主張には断固として反対し続けた。しかし、占星術的な医学などは完全に拒否することはできなかった。そのほかの多くのキリスト教徒は占星術を信じ、全能なる神が警告を発する兆しだと考えた。13世紀には大神学者の聖トマス・アクィナスも星がほとんどの人々の行動を支配していることを認めた。ただ、聖人のような高貴な人々はその影響を無視できるとした。14世紀頃には、国王、貴族、高官、教皇たちまでが重要な事柄について占星術師に相談するようになった。そして14世紀以降は、**新プラトン主義**とアラビア占星術の影響を受けた多くの異端的知識人が現われ、あらゆる著述家・学者の作品に占星術の影響が見られるようになった。

ヨーロッパでの西洋占星術の復活と流行

西洋占星術は古代ギリシア・ローマ時代に発達後、アラビア世界に受け継がれ、再びヨーロッパにもたらされた。

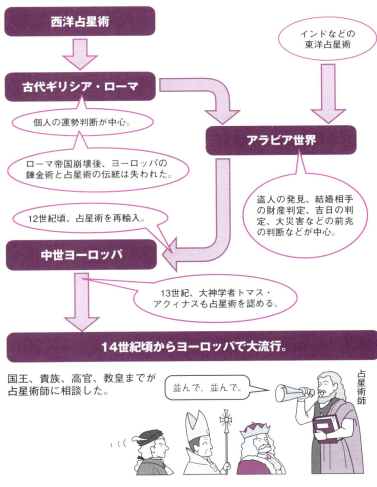

14世紀頃からヨーロッパで大流行。

国王、貴族、高官、教皇までが占星術師に相談した。

関連項目
- 錬金術→No.015
- 古代ギリシア・ローマ世界→No.018
- プトレマイオス→No.019
- 新プラトン主義→No.013

No.050 天界魔術と『ピカトリクス』

『ピカトリクス』は星や惑星に宿る霊のパワーを魔術的に利用する天界魔術の本で、ヨーロッパの魔術書やルネサンス魔術に影響を与えた。

●西洋魔術に多大な影響を与えた天界魔術

　12世紀頃から、**錬金術**や**占星術**などがアラビアからもたらされヨーロッパの魔術に大きな影響を与えたが、『**ソロモン王の鍵**』に代表される魔術書の分野では、とくに天界魔術の影響が大きかった。

　天界魔術（アストラル・マジック）は、星や惑星には霊が宿っているという前提で、占星術的に適切な日時を選び、適切な儀式を行うことで、天界に存在する霊のパワーを魔術的に利用しようというものだ。つまり、魔術と占星術を総合したようなものである。

　天界魔術の書としてヨーロッパでとくに有名になったのは、写本の形で広まった『ピカトリクス』（原題Ghâyat al-Hakîm＝賢者の目的）だった。

　『ピカトリクス』の著者は10世紀の数学者アル・マジュリーティーといわれたこともあったが特定されてはいない。その本の記述によれば、13世紀にアラビア語からスペイン語に翻訳されたという。また、その本は224冊の本の内容をまとめたものだという。事実、この本にはアラビア語で書かれた魔術、占星術、錬金術の本のほか、**ヘルメス主義**の本、ギリシア、シリア、ペルシア、インド文明の影響も見られるという。

　そのような本なので体系だったものではなかったが、星や惑星に宿る霊の力を護符などに注入する方法が主なテーマになっていた。たとえば、惑星の力を効果的に利用したいなら、その手段として惑星、図形、生贄、呪文、燻蒸（煙でいぶす）などを適切に用いなければならないという。

　『ピカトリクス』のヨーロッパでの評判は悪く、13世紀の医師アバノのピエトロはこの本を参考にしたとして魔女として告発された。15世紀になるとラテン語版が広く流布するようになり、マルシリオ・フィチーノに代表される**ルネサンスの魔術師**の思想に取り入れられることになった。

天界魔術と『ピカトリクス』

『ピカトリクス』 ➡ ・ヨーロッパで人気を得たアラビアの天界魔術の書。
・原題　Ghâyat al-Hakîm＝賢者の目的。

天界魔術とは？

⬇

魔術と占星術を総合した魔術。

天界魔術では、占星術的に適切な日時に適切な儀式を行い、天界の星や惑星に宿る霊のパワーを魔術的に利用する。

天界のパワー → 護符に注入したりして、願望を叶える。

天界の霊　惑星

『ピカトリクス』がヨーロッパに与えた影響

| 13世紀の医師アバノのピエトロはこの本を参考にし、魔女として告発された。 | 『ソロモン王の鍵』などの魔術書の分野に大きな影響を与えた。 | マルシリオ・フィチーノなどルネサンスの魔術師に影響を与えた。 |

関連項目
- 錬金術→No.045／No.046
- 占星術→No.049
- 『ソロモン王の鍵』→No.041
- ヘルメス主義→No.014
- ルネサンスの魔術師→No.072

中世の魔術都市トレド

　中世ヨーロッパの魔術は12世紀頃からアラビア世界の影響を受けて大いに発展した。この時代、アラビア文化とヨーロッパ文化の交流の場所としてスペインの都市トレドが果たした役割は非常に大きかった。

　イスラム教は7世紀にアラビア半島で興り、急激に勢力を拡大した。その勢力はすぐにも北アフリカにまで及んだが、北アフリカのムーア人イスラム教徒は8世紀の初め頃からはスペインのあるイベリア半島南部に侵入し、キリスト教の王族を撃退しながら、勢力を振るうようになった。711年にはイベリア半島中央部に位置するトレドもイスラム教徒の手に落ちた。

　だが、11世紀初め頃になるとイベリア半島のイスラム教徒の勢力も衰え始め、多数の小王国に分裂し、互いに反目し合うようになった。また、キリスト教陣営も勢力を回復し、1085年にトレドは再びキリスト教徒の都市となった。

　こうした状況下、サラトガ、コルドバ、セビリアなどのムーア人の都市でアラビアの学問が一気に開花した。王立のアラビア文化図書館がいくつも設立され、医学、錬金術、占星術、天文学の文献などが集められた。

　また、この時代にアラビア語が読めるヨーロッパのキリスト教徒はほとんどいなかったため、ムーア人の影響を受けたスペイン内の都市で、アラビア語で書かれた書物をラテン語に翻訳する動きが12世紀から13世紀にかけて活発になった。このような動きの中心的な都市となったのがトレドだった。したがって、トレドは立派な学術都市だったわけだが、その学術の中にはアラビアの魔術的な学問が多く含まれていた。そのため、トレドはやがて魔術のメッカとして有名になった。当時ヨーロッパで人気のあった騎士道物語の中でも、トレドは超自然の力を宿す都市として描かれ、魔術都市トレドの名声は北欧にまで広まった。

　トレドを巡る魔術的な伝説も数多く生まれた。中世の終わり頃の伝説では、トレドにある大洞窟では長い間魔術が研究され、そこに恐るべき魔力を持つ魔術書が隠されているといわれた。17世紀の伝説では、トレドにはローマ時代にヘラクレスの地下宮殿があり、魔術が研究されていたという。16世紀に、トレドの大主教がその地下宮殿を発掘し、祭壇を発見したが、そのときの恐怖のために何人かの探検隊員が命を落とした。このため、大主教は地下宮殿の入り口を封印し、以降は誰もその中に入り込めないようにしたという。

　錬金術の達人として有名なニコラ・フラメルも錬金術を究めるためにスペインの都市を訪れたといわれているが、こうした言い伝えが生まれるのも、スペインの都市と魔術がそれだけ深く結びついていたからといってよいだろう。

第3章
東洋と
その他の魔術

No.051
東洋の魔術

日本、中国、インド、ポリネシアなど西洋以外の地域でも古くから本格的な魔術が発達し、その影響は現在にまで生き残っている。

●今も生きている様々な東洋魔術

　中国、インド、日本などの東洋の国々でも古くから魔術が行われていた。
　中国では紀元前の時代から「**気**」という宇宙エネルギー的なものを前提にした思想が広まり、**陰陽五行**という気の科学を発達させたが、魔術においても陰陽五行や気の存在が前提となった。陰陽で運勢や場所を占う易や風水、体内の気を操って不老長寿を得ようとする**仙術**（神仙術）やそこから派生した煉丹術などがそうだ。気の思想は現代でも生きており、気功法という魔術的な健康法も生まれた。

　インドではバラモン教、仏教、ヒンズー教、タントラ教などが古代から独自の宇宙論を発達させ、それに則した魔術が発展してきた。とくに仏教の一派である**密教**の魔術はチベットや日本に入り込み、盛んに行われた。性魔術を含む**タントラ**の魔術はヨーガに取り込まれたほかに、近代の西洋魔術や日本の真言立川流などに影響を与えた。

　日本にも日本古来の民俗信仰・自然信仰をもとにした神道・古神道の魔術があったが、奈良時代以降は中国経由で中国やインドで生まれた魔術も輸入され、大いに発展した。たとえば**陰陽道**は日本で生まれた魔術体系だが中国起源の陰陽五行説、道教、占術などを前提にしていた。**修験道**も日本独特の宗教だが、雑密（ぞうみつ）という原初的な密教の影響があった。日本で最も本格的といえる密教魔術の起源はもちろんインドで生まれた密教である。

　西洋以外ということでいえば、ハワイを含むポリネシアやメラネシアにも現在でもよく知られている魔術が古くから存在していた。これらの地域では古代から**マナ**という宇宙エネルギーを前提にしていたが、「マナ」という言葉は中国の「気」と同じように、現在でも魔術やヒーリングの世界でよく使われる言葉になっている。

東洋とオセアニアの主要な魔術

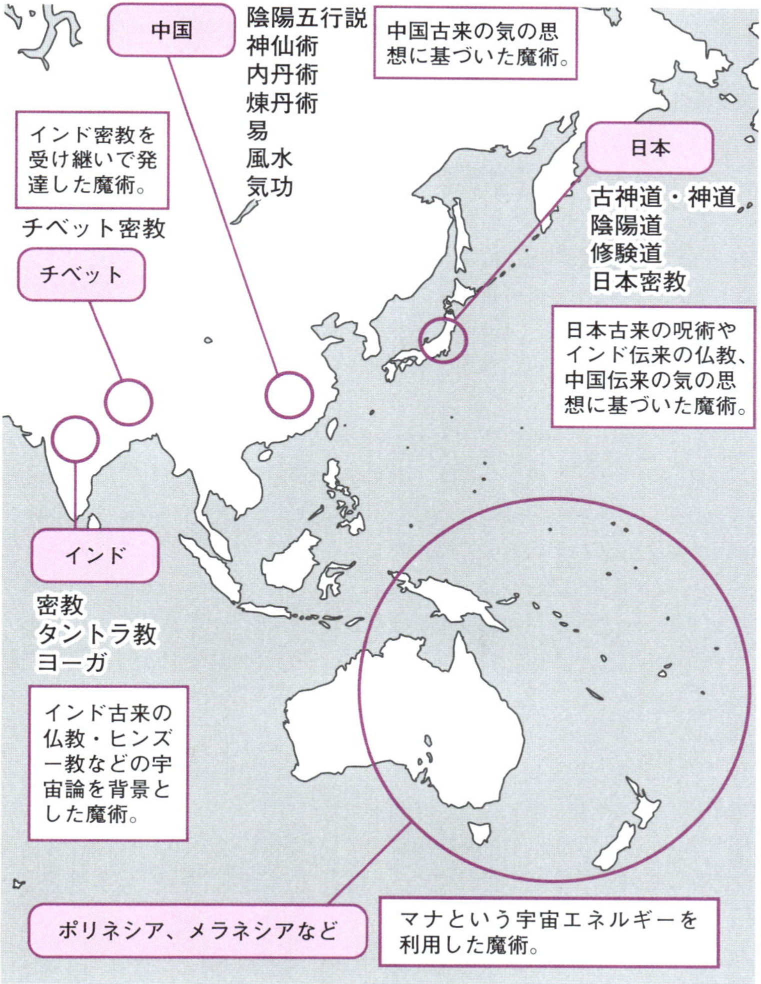

中国
陰陽五行説
神仙術
内丹術
煉丹術
易
風水
気功

中国古来の気の思想に基づいた魔術。

チベット
インド密教を受け継いで発達した魔術。
チベット密教

日本
古神道・神道
陰陽道
修験道
日本密教

日本古来の呪術やインド伝来の仏教、中国伝来の気の思想に基づいた魔術。

インド
密教
タントラ教
ヨーガ

インド古来の仏教・ヒンズー教などの宇宙論を背景とした魔術。

ポリネシア、メラネシアなど
マナという宇宙エネルギーを利用した魔術。

関連項目
- 気→No.052
- 陰陽五行→No.053
- 仙術→No.056
- 密教→No.063／No.067
- タントラ→No.060
- 陰陽道→No.065
- 修験道→No.069
- マナ→No.070

No.052
中国魔術と「気」

中国では紀元前3世紀頃までに、宇宙の根本エネルギーとしての「気」の概念が成立し、科学や魔術など、あらゆる現象の基礎に置かれた。

●「気」は中国魔術の大前提

　中国の魔術的宇宙論の根本には「気」という不可思議な概念が存在していた。古代中国では、気は何よりも重要な概念であり、伝統的な中国医学、**易**や**風水**のような占術、**仙人**の使う魔術にいたるまで、気を前提にしないものはないのである。

　「気」の概念が古代中国でいつ誕生したかははっきりしないが、戦国時代（紀元前4世紀～前3世紀頃）には誰もが気の存在を前提にして議論するようになっていた。そこからわかるのは、気とは宇宙にある森羅万象の最も基本的な構成要素だということである。それは微細な粒子のようなものともエネルギーのようなものともいうことができる。

　気をイメージする場合、風のような気体、水のような液体と考えるのがよいだろう。それが宇宙に充満しており、絶えず流れて変化している。そして、天体の運行、季節や天候、動植物の成長など、すべての原因に気があるのである。ただし、気は固体になることもできる。気体である気が凝集すると液体になり、それがさらに凝集すると固体になる。逆に、固体が液体になり、液体が気体になることもある。そして、宇宙にある万物は気でできている。ただ、固体になるとそれはそれ自身の名前で呼ばれるので、気といった場合、気体や液体のような流体であることが多いのである。

　人間の肉体も気が凝集してできており、宇宙がそうであるように人間の体内にも気が充満し、流れている。こうして、気はあらゆる場所で互いに影響し合い、順調に流れたり、ある場所で滞ったりする。その結果として人間はあるときは健康であり、あるときは病気になる。また、地理的な場所も、幸福な場所になったり、不幸な場所になったりする。だから、この不可思議な気を自由に操ることこそが中国魔術ということになるのである。

「気」とは何か？

気 →
- 古代中国の宇宙論の根本概念。
- 一種の宇宙エネルギーのようなもの。
- 紀元前3世紀以前に成立。
- 中国医学、易、風水、魔術などの前提。

「気」のイメージ

気の形態　気は気体にも液体にも固体にもなれるが、普通は気体や液体のような流体としてイメージできる。

気体　　液体　　固体

気の作用　気は宇宙に充満し、絶えず流れて変化しながら、天体の運行、季節や天候、動植物の成長など、すべての現象に作用している。

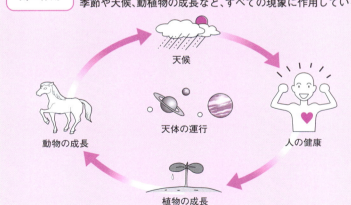

関連項目
- 易→No.054
- 風水→No.055
- 仙人→No.056

No.053
陰陽五行

陰陽五行説は「気」の動きを把握するための中国古来の理論であり、日本の平安時代に活躍した安倍晴明のような陰陽師もこの理論を駆使した。

●中国魔術の基本思想となった陰陽五行説

　古代中国では自然界のすべての現象を「気」だけで説明しようとした。しかし、そのためには、気の運動、変化、性質、状態を把握するためのより厳密な理論が必要になる。この目的で作られた気の科学とでも呼ぶべきものが陰陽五行説である。日本の平安時代に活躍した**安倍晴明**のような陰陽師が駆使するのもこの理論である。

　陰陽説と五行説はもともとはまったく別に誕生したもので、漢代頃までに一つの理論として統合された。

　陰陽説は陰と陽という対立・比較によって、気を把握しようというものである。陰陽の対立・比較の項目はいくらでも無数に挙げられる。以下、〈陽・陰〉の順で〈男・女〉、〈日・月〉、〈天・地〉、〈山・谷〉、〈上・下〉、〈高・低〉、〈昼・夜〉、〈動・静〉、〈速・遅〉、〈熱・寒〉といった具合である。しかし、陰陽は固定したものではない。夏と冬は陽と陰だが、冬の中でも暖かい日と寒い日は陽と陰になる。こうして、陰陽説によって、昼・夜、暑い・寒いのように対立するものが交代する現象を説明するのだ。

　一方の五行説はこの世界にある事物や現象を木・火・土・金・水の5大要素に分類し、かつそれぞれを関係づける原理である。中国では古くからあらゆる事物や現象がこれらの五行に分類され、関係づけられてきた。五行それぞれの関係には相生と相克がある。相生とは、木⇒火⇒土⇒金⇒水（⇒木…）という順番でそれぞれの要素が次なる要素を生じていくという関係である。つまり、木が火を生じ、火が土を生じる……以下同様というもの。相克とは、五行の各要素を一つ置きにした水→火→金→木→土（→水）という順番でそれぞれの要素が次なる要素に克（か）つという関係である。つまり、水は火に克ち、火は金に克ちという具合に続くのである。

陰陽五行説とは何か？

陰陽五行説 ➡ ・気の状態を把握するための中国古代の科学。
・陰陽説と五行説が合体したもの。

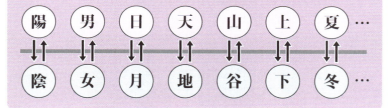

陰陽説　陰と陽の対立・比較によって気を把握する。

陽　男　日　天　山　上　夏　…
⇅　⇅　⇅　⇅　⇅　⇅　⇅
陰　女　月　地　谷　下　冬　…

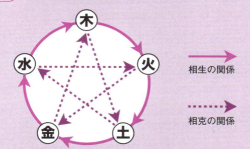

五行説　この世のすべてを木・火・土・金・水の5大要素に分類し、それを関係づける原理。

→ 相生の関係

⇢ 相克の関係

たとえば人間の身体では、肝臓や目は木に属する。心臓は火に属する。胃は土に属する。また、味覚では酸味は木に属する。そこで、酸味のものは肝臓や目には善い効果がある。しかし、相克の関係によって木属のものは土属のものに打ち勝つので胃に悪い効果を及ぼす。木と火は相生の関係なので、心臓には悪い効果はないと考える。

関連項目
●安倍晴明→No.065

No.054
陰陽で未来を占う中国の易

易は蓍または筮竹と呼ばれる50本の竹の棒状のものを用いた中国古来の占いで、殷代の亀卜に代わるものとして周代に生まれた。

●国家の命運を決めた易による占い

　中国に古くからある易は50本の竹の棒状のもの（蓍または筮竹）を用いた占いで、殷代の亀卜に代わるものとして周代に生まれた。その基本にあるのは、中国魔術の原理である**陰陽**の二元論で森羅万象の変化の法則を解明しようとする思想である。

　易の分野では、陰陽は「—」、「--」という符号で表わす。これが爻で、—は陽爻、--は陰爻という。

　爻を三つ、または六つ組み合わせたものを卦という。三つ組み合わせたものは小成の卦といい、乾（☰）、坤（☷）、震（☳）、巽（☴）、坎（☵）、離（☲）、艮（☶）、兌（☱）の8種類ができる。これが八卦で、それぞれに意味がある。たとえば、「乾」は純粋に陽の気であり、その形は「天」であり、その作用は「健」かさである。そして、君主、父、西北などを象徴する、という具合である。

　爻を六つ組み合わせたものは大成の卦といい、1 乾（䷀）、2 坤（䷁）、3 屯（䷂）…62 小過（䷽）、63 既済（䷾）、64 未済（䷿）など64種類ができる。これが六十四卦である。

　戦国時代に成立したといわれる『易経』という本に、これら六十四卦についての説明、それを構成する6爻の説明が詳しく載せられており、それを参照しながら占うのである。易による占いは古代中国では国家の運命を左右するもので、『易経』を学ぶことは知識人にとって不可欠なことだった。

　八卦や六十四卦がどのようにしてできたかは不明だが、伝説によれば、神話時代の太古の帝王伏羲が森羅万象の法則と現象を観察し、初めて八卦を作った。その後、殷周革命の時代に周の文王が六十四卦にしたといわれている。

易とは何か？

易 ➡ ・50本の竹の棒状のものを用いた占い。
・中国古代の周代に誕生。

易の基本

●陰陽を ━、-- という符号で表わす。これを「爻(こう)」という。

陽爻 ━━━━　　　陰爻 ━━ ━━

●爻を三つ組み合わせたものを「小成の卦」という。

小成の卦

| 乾(けん) ☰ | 坤(こん) ☷ | 震(しん) ☳ | 巽(そん) ☴ |
| 坎(かん) ☵ | 離(り) ☲ | 艮(ごん) ☶ | 兌(だ) ☱ |

小成の卦は様々な事象を象徴するが、自然の象徴と見た場合、乾＝天、坤＝地、震＝雷、巽＝風、坎＝水、離＝火、艮＝山、兌＝沢とされる。

●小成の卦を二つ重ねたものが「大成の卦」で、8×8の64卦ができる。

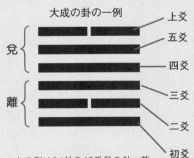

大成の卦の一例
兌｛上爻／五爻／四爻｝
離｛三爻／二爻／初爻｝

上の例は64卦の49番目の卦＝革。下が離、上が兌の小成の卦から構成されている。

戦国時代成立の『易経』という本に、これら64卦についての説明、それを構成する6爻の説明が詳しく載せられており、それを参照しながら占う。

大成の卦の中の6爻は社会的地位や様々な変化を象徴するとされる。

【古い時代の社会的地位の場合】
初爻＝庶民、二爻＝士、三爻＝大夫、四爻＝公卿、五爻＝君主、上爻＝隠退した君主

【変化の過程の場合】
初爻＝誕生期…上爻＝完成期

大成の卦の意味を読む場合、基本的には小成の卦の組み合わせから読む。また、6爻の陰陽から読むことになる。

関連項目

●陰陽→No.053

No.055
風水

風水は中国に古くからある家の相や墓の相を占う術から発展したもので、地理上の気の流れから吉凶禍福を読み取る術である。

●地形・方位・物の配置などで吉凶禍福を読み取る

　風水は古代中国に生まれた占術の一種で、地形、方位、物の配置などから気の流れを判断し、吉凶禍福を読み取り、かつ制御する術である。地理上のことだけでなく、家の間取りや家具の配置などにも応用できる。

　風水の上では、大地を流れる気の根源は中国神話中で神々が住むとされた、西方にある崑崙山である。そこから山脈に沿って東へと気が流れ下りてくる。その気の流れを龍脈といい、龍脈が果てて気があふれ出す場所を龍穴という。そこはほかの場所よりも大量の気が集まる陽の場所で、都などを置くのによいとされた。理想は、四神相応の地と呼ばれる場所で、東に青竜の住む流水、南に朱雀が遊ぶ沢畔、西に白虎が走る大道、北に玄武を象徴する高山のある地形である。日本の平安京もこの思想に則して作られたという。

　伝説によれば、風水は中国神話の帝王である黄帝の時代に始まったという。中国には古くから邸宅を建てたり、墳墓を造るための占いがあったが、それが**陰陽五行説**に基づいてまとめられ、風水の体系ができたという。晋の時代に風水の開祖とされる郭璞（276年～324年）が登場し、『葬書』という本を書き、その中に「『気は風に乗じて散じ、水に界すれば止まる』古人はこれを集めて散ぜしめず、これを行かせて止めるあり、故にこれを風水という」と記した。風水という呼び名が使われたのはこの本が最初だといわれている。唐宋時代に「巒頭派」と「理気派」の2学派ができた。前者は山川の配置を重要視し、後者は風水計測用の羅針盤である羅経を重要視するものである。

　日本の風水は飛鳥・奈良時代に、まだ発展途中の中国の風水が輸入されて独自に発展したもので、中国的な風水とは別なものである。

風水とは何か？

風水 ➡ ・古代中国生まれの占術の一種。
・地形・方位、気の流れから吉凶禍福を読み取る。

「気」のイメージ

龍脈と龍穴　中国の風水では気は西方の崑崙山から「龍脈」を通って流れてきて、「龍穴」から噴き出すとされた。そうした場所は都などを置くのによい場所とされた。

四神相応の地　風水的に最良の場所は、東に青竜の住む流水、南に朱雀が遊ぶ沢畔、西に白虎が走る大道、北に玄武を象徴する高山のある地形で、四神相応の地と呼ばれる。日本の平安京もそのような場所に作られた。

関連項目
●陰陽五行説→No.053

No.056 仙術

古代中国の人々は不老不死の仙人になることへの強いあこがれを持っていた。そして、仙術という、仙人になるための様々な魔術的技術を発展させた。

●不老不死の仙人になるための術

仙術は不老不死の仙人になるための術である。

古代中国の人々はこの世のどこかに不老不死の仙人がいると信じ（神仙思想）、仙人になることに強くあこがれた。不老不死伝説の起源ははっきりしないが、一説によれば西方の崑崙山付近で生まれたという。そして、紀元前3世紀頃に中国全域に広まることになった。『史記』によれば、紀元前3・4世紀頃の渤海沿岸の国、斉や燕の諸侯や王たちは東海上にあるといわれた瀛州、方丈、蓬莱という三神山に人を派遣し、仙薬（不老不死の仙人になるための薬）を求めようとしたという。また、当時の王たちで神仙（仙人）にあこがれない者はなかったともいう。秦の始皇帝（在位前221年〜前210年）が方士（仙術の修行者）の徐福に命じ、東海にあるという仙薬を求めさせた話などはとくに有名である。

ところで、不死の仙薬は当初はどこかの神山に存在すると信じられたので、それを探し出すことがテーマだった。それがやがて不死の仙薬を人工的に作り出す技術が考案されるようになった。この術を**煉丹術**とか金丹の術といい、作られた薬を丹薬などという。また、薬を使うのではなく、特別な修行によって仙人になる術も考案された。これは体内に気を蓄えることによって不老不死を得ようとするもので、**内丹法**と呼ばれた。

以上は仙人になるための術の概要だが、仙術という言葉には仙人が使う術という意味も含まれている。仙人は不老不死であるだけでなく、あらゆる魔術を使いこなした。姿を消したり、空を飛んだり、牢獄から抜け出したり、雨を降らせて数千キロも離れた場所で起こった火事を消したりすることができた。ただし、仙人の魔術は特別な技術によって可能なのではなく、仙人になることによって可能になるものだった。

仙術とは何か？

| 仙術 → | ・不老不死の仙人になるための術。
・仙人が使う多種多様な魔術。 |

普通の人が仙人になる術。　　　　仙人が使ういろいろな魔術。

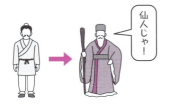

| 仙術の背景 | 古代中国で神仙思想（不老不死の仙人にあこがれる思想）が流行し、そこから仙人になるための術が生まれてきた。 |

神仙思想の流行 仙術の誕生

仙人になる主な方法

①仙人の住む山（神山）にある不老不死の仙薬を手に入れる。
②煉丹術で人工的に不老不死の薬（丹）を作る。
③内丹法という特別な修行で体内の気を操って不老不死になる。

仙人の使う魔術

①姿を消す。
②空を飛んで瞬時にどこにでも移動する。
③誰も出入りできない牢獄から抜け出す。
④雨を降らせて数千キロも離れた場所で起こった火事を消す。
⑤そのほかどんなことでも可能になる。

関連項目

●煉丹術→No.057　　　　　　　●内丹法→No.058

No.057 煉丹術

煉丹術は仙人になるための薬を人工的に作り出す技法である。紀元前の時代から発展し始め、西晋時代の葛洪によって理論的に集大成された。

●不老不死の仙人になる薬を人工的に作り出す

中国では古くから不老不死の**仙人**に強くあこがれる思想（神仙思想）があり、仙人になるには東方海上の仙人の島にある仙薬を飲めばいいと信じられていた。しかし、自然の仙薬を手に入れるのは困難だったので、やがて鉱物などの材料を用いて人工的に作り出す技術が発達した。これが「煉丹術」である。薬を用いることなく、特別な修行によって仙人になる技法が**内丹法**と呼ばれるため、煉丹術は外丹法と呼ばれることもある。

人工的に作られた不老不死の薬は、丹、丹薬、金丹などと呼ばれるが、丹には副次的に水銀を黄金に変える力もあったので、煉丹術は錬金術でもあった。

伝説によれば、煉丹術の祖は漢の武帝の時代に活躍した李少君だとされている。李少君はそれより数百年前に安期生という仙人から煉丹術を授かり、長寿を得ていたが、最後には丹薬を完成して仙人になったという。

歴史的には、紀元前4世紀には騶衍（すうえん）が、紀元前1世紀には劉向が煉丹術で黄金作りを試みたとされているので、その時代には存在していたらしい。

後漢末の120年頃、魏伯陽によって『周易参同契』が書かれたが、これが現存する最古の煉丹書である。魏伯陽に始まった煉丹術の理論化は弟子たちに受け継がれ、その系統からやがて葛洪（かっこう）(283年〜363年)が登場し、『抱朴子』を著した。この本は中国の煉丹術の技術と理論を集大成したもので、煉丹術を行う者にとって最重要な書となった。

その後、煉丹術は唐代に隆盛を極めた。だが、丹の原料は有毒の水銀であることが多かったので、唐代の皇帝の多くが丹の常用によって早死にした。このため、宋代には煉丹術は衰退し、単に有用な薬を作る技術として実用医学の中に吸収されることになった。

煉丹術（外丹法）の基本

煉丹術（外丹法） ➡
- 丹と呼ばれる不老不死の薬を人工的に作り出す術。
- 水銀を黄金に変えることもできるので錬金術でもある。

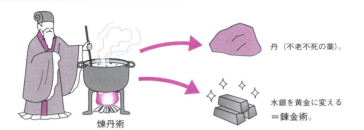

丹（不老不死の薬）。

水銀を黄金に変える＝錬金術。

煉丹術

煉丹術の歴史

| 伝説では | 漢代に活躍した李少君という仙人が始めたという。 |

| 歴史的には | 前4世紀～前1世紀 | 騶衍や劉向が煉丹術で黄金作りを試みた。 |

120年頃　魏伯陽が『周易参同契』を書いた。

⬇

現存最古の煉丹術書。

4世紀　葛洪が『抱朴子』を著した。

⬇

煉丹術の技術と理論の集大成。

その後、煉丹術は唐代に隆盛を極め、宋代には衰退した。

関連項目
- 仙人→No.056
- 内丹法→No.058

No.058
内丹法

内丹法は煉丹術で作られた薬を服用することなく不老不死の仙人になるための修行法で、辟穀、導引、行気、房中術などの技法がある。

●気を養うことを目指した仙術の一種

　内丹法は**煉丹術**で作られた薬（丹）を服用することなく不老不死の仙人になるための修行法であり、**仙術**の一種である。中国に古くからある**気**の理論では生きることは気を消耗することであり、気が完全に失われれば人は死ぬことになる。そこで、体内の気を失わないようにする、気を強くする、失われた気を外から補うことなどを目的に内丹法の技術が開発された。それらの技術には、辟穀、導引、行気、房中術などがある。

　辟穀は五穀（米・黍・麦・粟・豆）を断つことである。これによって身体の中が浄化され、気だけで生きられる身体になるのだという。

　導引は健康体操に似たもので、身体を動かすことで体内の気を強くしたり、自由にコントロールすることを目的にしている。1970年代に湖南省長沙で発掘された前２世紀のものとされる馬王堆漢墓から、『導引図』と呼ばれる帛画（絹に描かれた絵）が発掘され、導引が古代中国で広く行われたことが確認されている。伝説では、漢の名医、華佗は五禽戯という体操療法を行ったといわれている。禽戯とは獣の動作のことで、五禽戯は虎・熊・鹿・猿・鳥という５種の動物のポーズをとる体操である。

　行気は呼吸法である。呼吸によって天の気を摂取し、それを体内に行き渡らせるのが目的である。行気には様々な技法があるが、道教では胎息こそ最も典型的で重要な技法と見なした。これは母体の中にいる胎児の呼吸（無呼吸・ヘソ呼吸）を理想とし、それを体得しようとするものである。

　房中術は性の技術で、性を楽しみながら精気を失わないことを目的にしている。陰陽論では男性（陽）の精は夕方までに蓄えられ、女性（陰）の精は朝までに満ちるとされた。そして、男女は互いの精によって気を補い養うことができ、それによって体内の気の流れも順調になるのだという。

内丹法とは何か？

内丹法 ➡ ・煉丹術で作った丹を使用せずに仙人になる修行法。
・辟穀、導引、行気、房中術などの技法がある。

辟穀（へきこく） 五穀（米・黍・麦・粟・豆）を断つ修行法。

 ➡

気だけで生きられるようになる。

導引（どういん） 身体を動かして体内の気をコントロールする修行法。

漢の名医、華佗が行ったという五禽戯のポーズ（5種類の動物ポーズ）。

気の流れをスムーズにする。

虎　熊　鹿　猿　鳥

行気（ぎょうき） 呼吸の仕方で気を操る修行法。

気を体内に行き渡らせる。胎児の呼吸を理想とする胎息法が最重要。

房中術 精気を保つ性の技 ➡ 男女が互いの精によって気を補い、体内の気の流れも順調にする。

関連項目
●煉丹術→No.057　　●気→No.052
●仙術→No.056

No.059
気功

気功は不老不死を求める古代の導引や行気が発達した現代の健康法だが、熟練すると、気を外部へ放射し、病気治療などに利用できるという。

●体内の気を自由に操る現代の内丹法

　気功は、現代の中国で一般に行われている一種の健康促進法である。古代の中国で不老不死の**仙人**になるための修行法だった**導引や行気**の技術が、医学、道教、仏教、儒教、武術などの影響を受けて発達し、現代的な形に変化したものといってよい。ただ、現代の気功は不老不死を求めているわけではない。

　現代の気功は、流派は数百あるともいわれるが、静功と動功に大別できる。静功は静的瞑想や呼吸法によって体内を清浄にし、気の流れをスムーズにしようとするものである。動功は肢体の運動と呼吸法を組み合わせて気の流れを活発にしようとするものである。静功も動功もその目標とするところは同じである。中国医学には瀉法（余分なものを捨てる）と補法（不足するものを補う）という考えがあるが、動功は瀉法であり、体内にある邪気や余分な**気**を捨てるもの、静功は補法であり、外部から気のエネルギーを取り込むもので、互いに補い合うものだといわれている。

　最近では、外気功という超能力とも魔術ともいえそうな治療法もよく知られるようになってきた。これは、治療者が「気」のパワーを自由に操り、手のひらなどから放出して患者に浴びせることで、その病気を治すというものである。実際に、1980年代から、中国の病院には「気功科」が置かれるようになり、気功医師が患者の治療を行うようになっている。また、外気功では、気を発射することで、他者に技をかけることもできるという。

　外気功が登場したことで、一般的な気功は外気功に対して内気功と呼ばれることもある。外気功を行うには、内気功に熟練する必要があるという。内気功による鍛錬を積み、自分自身の気を自由に操れるようになれば、誰でも外気功を実践できるようになるという説もある。

気功とは何か？

気功法	・導引や行気の流れを汲む現代の健康法。 ・外気功によって患者の病気治療にも利用可能。

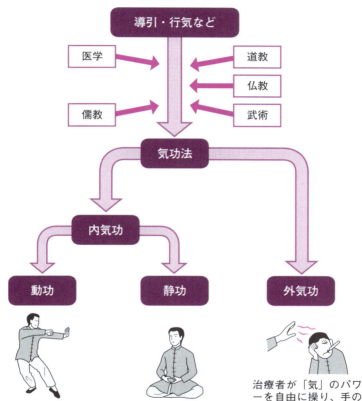

気功法の分類

導引・行気など
← 医学
← 儒教
← 道教
← 仏教
← 武術
↓
気功法
↓
内気功 → 動功／静功
外気功

動功: 肢体の運動と呼吸法を組み合わせて体内の気の流れを活発にする。

静功: 静的瞑想と呼吸法によって体内を清浄にし、気の流れをスムーズにする。

外気功: 治療者が「気」のパワーを自由に操り、手のひらなどから放出して患者に浴びせることで、その病気を治す。

関連項目
- 仙人→No.056
- 導引や行気→No.058
- 気→No.052

No.060
タントリズム

人体内で男性原理と女性原理を結合させることで解脱すると考えるタントリズムは性魔術的傾向が強く、近代の西洋魔術にも取り入れられた。

●西洋魔術にも取り入れられた東洋の性魔術

　タントリズム（タントラ教）は「タントラ」という経典を信じるインドの神秘主義思想のことで、とくに左道と呼ばれる一派において、性魔術が実践されたことで知られている。このため、タントリズムというと性魔術を実践する神秘主義思想と考えられることが多い。タントリズムは7～8世紀頃から流行し始めたが、それ自体は一つの宗教というわけではなく、ヒンズー教にも仏教にもタントラの一派が存在している。

　タントリズムでは、宇宙は男性原理と女性原理が一体化するときに生じる生命力によって成り立つと考える。ヒンズー教では男性原理はシヴァ神、女性原理はその妃のパールヴァティーと見なされている。この2人が結合するときに人は**解脱**するのである。ただ、この結合は簡単ではない。人体内で、シヴァ神は頭部、パールヴァティーは尾てい骨のあたりに存在し、両者は遠く離れている。パールヴァティーの本質は生命力（シャクティ）であり、とぐろを巻くヘビ（クンダリニー）の姿で表される。このクンダリニーを覚醒させ、脊椎に沿って走る目に見えない霊的な管を上昇させ、シヴァと一体化させることがタントリズムの解脱法なのである。そのため、タントリズムでは肉食、飲酒、男女の性交などが用いられることも多く、とくに左道と呼ばれる一派は性魔術を実践した。また、タントリズムの影響を受けた**ハタ・ヨーガ**では様々な座法による身体技法や身体の生理的操作によって、両者の結合を目指した。

　タントリズムの性魔術は西洋魔術にも日本の魔術にも影響を与えた。西洋ではドイツのカール・ケルナーが設立した**東方聖堂騎士団**がタントリズムの性魔術を本格的に取り入れ、**アレイスター・クロウリー**もその影響を受けた。日本では真言立川流がタントリズムの性魔術を実践している。

タントリズムとは何か？

| タントリズム | → | ・「タントラ」という経典を奉じるインドの神秘主義。
・性魔術の実践を含む。 |

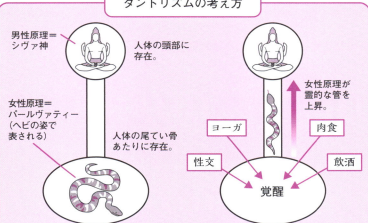

タントリズムの考え方

男性原理＝シヴァ神 — 人体の頭部に存在。

女性原理＝パールヴァティー（ヘビの姿で表される） — 人体の尾てい骨あたりに存在。

女性原理が霊的な管を上昇。

ヨーガ／性交／肉食／飲酒 → 覚醒

宇宙は男性原理と女性原理の結合で成り立つが、人体では頭部に男性原理、尾てい骨あたりに女性原理が離れて存在する。

ヨーガや男女の性交などの手段で女性原理を覚醒させ、霊的な管を上昇させ、男性原理と結合させれば解脱できる。

近代の性魔術に受け継がれる。

ヨーロッパ
東方聖堂騎士団
アレイスター・クロウリー

日本
真言立川流

用語解説／関連項目

●解脱→仏教やヒンズー教などのインドの宗教において、煩悩や迷いの世界から脱して理想郷に入ることを指す。
●ハタ・ヨーガ→No.061 　　　　　●アレイスター・クロウリー→No.099
●東方聖堂騎士団→No.099

No.061
ヨーガ

ヨーガは解脱を目標としたインドの伝統的修行法で、アレイスター・クロウリーは神との合一を目指す西洋の高等魔術に応用しようとした。

●解脱を目指すインドの神秘的修行法

　ヨーガはインドで古くから行われていた精神統一のための修行法である。

　ヒンズー教、仏教といったインドの宗教では、輪廻転生から逃れて解脱することを最高の目標としているが、それを手に入れるための最も確実な道として、ヨーガを実践してきた。また、20世紀最大の魔術師**アレイスター・クロウリー**は『第4の書』の第1部「神秘主義」でヨーガを解説し、神との合一を目指す西洋の高等魔術にヨーガを取り込む試みをしている。

　ヨーガの起源は定かではないが、遅くとも紀元前5世紀頃にはヨーガが実践されていたという。その伝統を集大成する形で、紀元後2世紀～5世紀頃に、パタンジャリ作と伝えられる『ヨーガ・スートラ』という教典が成立した。これはヨーガの実践的マニュアルとして最も古く最も知られたもので、この教典に基づくヨーガの系統がラージャ・ヨーガと呼ばれた。ラージャ・ヨーガは近代的な研究者からは「古典ヨーガ」とも呼ばれるが、その特徴は内面的な心の統一、沈静化によって解脱を目指すところにあった。

　その後、ラージャ・ヨーガを基本として様々なタイプのヨーガが発展し、13世紀頃に聖者ゴーラクナートによってハタ・ヨーガが創始された。

　ラージャ・ヨーガが内面的・心理的側面を重視したのに対し、ハタ・ヨーガは様々な身体技法を重要視し、身体の生理的操作によって宇宙そのものとの合一を目指すものだった。ヨーガというとすぐに身体を使った様々なポーズが思い浮かぶが、これは現在世界で流行しているヨーガがハタ・ヨーガを主流としているからである。そもそも「ハタ」は「力を加える」という意味で、ハタ・ヨーガは一種の体操といってよいものである。ハタ・ヨーガは**クンダリニー**や**チャクラ**という観念を持つ神秘的な身体論を発達させたことでも知られている。

ヨーガとは何か？

ヨーガ ➡
- インド古来の精神統一のための修行法。
- 輪廻からの解脱、宇宙との合一を目指す。

ラージャ・ヨーガ	ハタ・ヨーガ
『ヨーガ・スートラ』という教典に基づく、心の統一を重視するヨーガ。	13世紀頃に聖者ゴーラクナートが創始した、身体技法を重視するヨーガ。

代表的なヨーガ

ラージャ・ヨーガ （王ヨーガ）	教典『ヨーガ・スートラ』の系統に属するもので、内面的に心を統一する手段によって最終的な解脱を目指す。
ジュニャーナ・ヨーガ （知恵のヨーガ）	自己の本体が宇宙の原理と同一であるという超越的な真理の認識によって解脱を目指す。
カルマ・ヨーガ （行為のヨーガ）	インドの古典叙事詩『バガバッド・ギーター』によって最初に強調されたもので、社会的義務の実践によって解脱を目指す。
バクティ・ヨーガ （信愛のヨーガ）	これも『バガバッド・ギーター』から始まるもので、神に対する信仰を熱烈な愛情によって表現するヨーガである。
ハタ・ヨーガ （強制のヨーガ）	様々な座法による身体技法を中心とし、身体の生理的操作によって宇宙との合一を目指す。神秘的な身体論を持ち、クンダリニーという宇宙エネルギーの根源を重要視するので、クンダリニー・ヨーガとも呼ばれる。今日行われているヨーガの多くがこの流れを汲んでいる。
マントラ・ヨーガ （真言のヨーガ）	神聖な呪文を唱えることで解脱を目指す。
インテグラル・ヨーガ （総合ヨーガ）	様々なヨーガの伝統に、近代西洋の進歩の観念を取り入れて20世紀に生まれたヨーガで、人格の完成を目指す。

関連項目
- アレイスター・クロウリー→No.099
- クンダリニー→No.060
- チャクラ→No.062

No.062
チャクラ

古代インドの神秘的身体論では、人の身体には脊椎に沿って七つのチャクラがあり、それぞれ固有の波動に共鳴し宇宙と肉体を結びつけるという。

●宇宙と肉体を波動で結ぶ神秘的な輪

「チャクラ」はインドに伝わる神秘的身体論（**ハタ・ヨーガ**や**タントラ**）の言葉で、生命エネルギーの集積所というべきものである。チャクラは文字通りには「輪」を意味する。

一般的に人間の身体には脊椎に沿うようにして全部で七つのチャクラがあるとされている。七つのチャクラは蓮華で表され、それぞれが異なる数と異なる色の花弁を持っており、固有の波動（バイブレーション）に共鳴する。そして、チャクラにおいて宇宙エネルギーと霊魂エネルギーが溶け合い、霊魂エネルギーと現実的な肉体の働きが浸透し合う。七つのチャクラのうち下位の五つのチャクラは下から、地、水、火、風、空にたとえられ、人間の肉体要素と関連している。眉間の部分、第3の眼の位置にある第6のチャクラは心、頭頂にある第7のチャクラは宇宙精神と関係がある。

宇宙に起こる事柄はすべて男性原理シヴァ（男神）と女性原理シャクティ（女神）という二元論に基づいているとされる。そして、シヴァとシャクティが結合して一つになることが理想的状態であり、解脱だとされる。このことはそのまま人間の身体にも当てはまる。

人間の身体に宿っているシャクティは**クンダリニー**と呼ばれ、象徴的にヘビの姿で表される。タントラの考えでは、クンダリニーは女性原理であり、宇宙の根源的エネルギーである。しかし、クンダリニーは人体下部の第1チャクラでとぐろを巻いて眠っている。理想的状態を手に入れるためには眠っているクンダリニーを目覚めさせ、さらにシヴァのいる第7チャクラまで旅をさせ、クンダリニーとシヴァを結合させなければならない。こうして、人は宇宙と一体化し、解脱が達成されるのだが、そのために必要な修行がハタ・ヨーガだとされている。

チャクラとは何か？

チャクラ ➡ ・インド古来の神秘的身体論の用語。
・宇宙と身体を結ぶエネルギー中枢。

チャクラは背骨に沿って下から順に第1チャクラから第7チャクラまであるとされる。

チャクラの名称と機能

七つのチャクラはそれぞれが身体的機能と結びついている。

名称	場所	機能
ムーラーダーラ・チャクラ	会陰部（性器と肛門の間）	下降する気、嗅覚、移動機能（足）と関係する。
スヴァーディスターナ・チャクラ	生殖器	味覚、補足機能（手）と関係する。
マニプーラ・チャクラ	ヘソ	消化を助ける気と視覚を司る。
アナーハタ・チャクラ	心臓	上昇する気と触覚に関係する。
ヴィシュッダ・チャクラ	喉	飲食物を運ぶ気、聴覚、発音器官（口）に関係している。
アージニャー・チャクラ	眉間	認識し、運動器官へ命令を発する精神作用を行う。
サハスラーラ・チャクラ	頭頂	すべての感覚・機能と関係する。

関連項目
●ハタ・ヨーガ→No.061
●タントラ→No.060
●クンダリニー→No.060

No.063 チベット密教の魔術

チベット密教で発達したヴァジュラバイラヴァの秘法は、恐るべき呪殺法でありながら、万人のための慈悲の行為と考えられた。

●敵を呪殺するヴァジュラバイラヴァの秘法

インドの密教には、**調伏法**のように、他人の生命を奪うことを目的とした行法が含まれていたが、インド密教を受け継いで興ったチベット密教の歴史の中では、その調伏法が極端な形で発達し、実践されたことがあった。

その調伏法はヴァジュラバイラヴァの秘法と呼ばれる。ヴァジュラバイラヴァとは密教の大威徳明王が発展した神で、9個の顔と34本の腕、34本の足を持ち、その顔は水牛のもので角が生えているという、恐ろしい姿の神である。

11～12世紀頃、チベット密教界に小さな教団が乱立し、主導権争いをしていた時代に、ドルジェタクという呪術者がその秘法を駆使して活躍した。彼は生涯の間に数えきれないほどの人々を呪殺したが、一度に数百人単位で呪殺したことも、しばしばだったといわれている。

しかし、ドルジェタクはそれを悪いこととは考えなかった。彼はその秘義を「度脱」(ドル)と呼んだ。それは、極悪の犯罪者がそれ以上に大きな罪を犯す前にヴァジュラバイラヴァの力で呪殺し、ヴァジュラバイラヴァの本体とされる文殊菩薩が主催する浄土へ送り届けるというものである。だから、彼にとっては、この秘儀はただの呪殺ではなく、万人のためになる慈悲の行為だった。また、悪人たちを文殊菩薩の浄土へ導くのに最も効果的な手段だと考えられたのである。

ヴァジュラバイラヴァの秘法を行うには、この神になりきるための成就法を修行によって身につける必要があった。だが、それを身につければこの秘法は誰にでも実践できた。心を集中してヴァジュラバイラヴァの存在を具体的に思い描き、自分自身がその神と一体化し、頭にある水牛の角を振り回して、敵を打ち砕く場面をイメージすればよいのだという。

チベット密教とは何か？

チベット密教 ➡ ・7世紀以降、インド密教を受け継いで興る。
・11～12世紀に頻繁に呪殺が行われる。

⬇

チベット密教が発達させた呪殺法。

⬇

ヴァジュラバイラヴァの秘法

- チベット密教史上最も有名な11世紀頃の呪術者ドルジェタクが得意とした魔術。
- 犯罪者が罪を犯す前に、文殊菩薩の浄土へ送る慈悲の魔術。

❖ ドルジェタクの呪殺

　ドルジェタクはチベット最南部のニェラムで生まれ、幼い頃から様々な呪術を学んだ。15歳頃からはネパールの首都カトマンズでバローという行者の弟子となった。そして、困難な修行の末にヴァジュラバイラヴァの秘法を伝授された。その後帰国したドルジェタクはすぐにもその秘法を使わざる得ない状況に追い込まれた。ドルジェタクは11歳で妻帯していたが、彼女はニェラム一の美女だった。それに目をつけたニェラムの有力者ディキムパが、仲間を引き連れてドルジェタクの留守宅を急襲し、父母を殴り、兄弟を投獄し、財産もろとも妻を誘拐したのである。事情を知ったドルジェタクは怒り狂い、すぐにもヴァジュラバイラヴァの秘儀を実践した。彼はヴァジュラバイラヴァの観想に入り、この神と融合し、この神の水牛の頭の角を振り回し、敵に向かって打ちつけた。と、その瞬間、ディキムパとその仲間たちの住む村全体が粉々に粉砕され、犯罪者たちの身体もろとも、ヴァジュラバイラヴァの本体である文殊菩薩の浄土にあっという間に送り届けられてしまったという。

関連項目

● 調伏法→No.067／No.068

No.064
日本の魔術

日本には、神道、陰陽道、密教（仏教）、修験道などに関連した様々な系統の魔術があり、奈良・平安時代以降は十分に発達し、盛んに行われた。

●日本古来の魔術と中国・インド系魔術の共演

　日本にも古くから魔術はあった。2～3世紀頃に存在したらしい邪馬台国の女王卑弥呼は鬼道という術で国を治めていたといわれる。鬼道については諸説あるが、霊界と交信し、霊の言葉に従って国を治めることだともいわれている。奈良時代には中国から呪禁道が伝来した。体内に入って病気を引き起こす鬼や魔物を撃退する病気治しの魔術である。

　平安時代には魔術は一層盛んになった。平安時代の貴族たちは、様々な場面でしばしば呪詛に頼った。この時代の貴族たちは、不幸や病気などはすべて呪詛のせいと考えたからだ。

　この時代に貴族のために魔術を行ったのは陰陽師であることが多かった。

　陰陽師が用いる魔術は**陰陽道**だった。陰陽道は、中国の**気**の思想を基礎にしているが、飛鳥時代の7世紀に設立された陰陽寮という役所で研究された日本独自の魔術である。陰陽道は安倍晴明が活躍した10世紀頃に最盛期を迎えたが、それから江戸末期まで、大きな影響力を持っていた。高知県物部村で今も行われている**いざなぎ流**も、陰陽道系の魔術である。

　そのほか、神道、**密教**、**修験道**などの宗教系の魔術も盛んに行われた。

　修験道は山岳修行により超自然的な験力の獲得を目指す宗教だが、日本古来の山岳信仰と密教、道教、陰陽道などが習合した信仰である。験力を得た修験者は庶民の依頼で、しばしば魔術を行った。9世紀に空海、最澄らによって日本にもたらされた密教は、**加持祈祷**という魔術儀式が発達し、ほかの宗教以上に本格的な魔術が行われた。憎い相手を呪い殺すような魔術もたくさん用意されていた。

　このほかに、江戸時代に流行した丑の刻参りのように、庶民が個人的に行った魔術もあった。

多種多様な日本の魔術

日本の魔術 → ・日本にも古くから魔術はあった。
・陰陽道系、密教系、修験道系の魔術がとくに盛んに行われた。

主な日本の魔術

弥生時代 — 鬼道
一説によると霊界と交信し、霊の言葉に従って国を治める魔術。邪馬台国の女王卑弥呼がこの術を使ったという。

飛鳥時代 — 陰陽道
飛鳥時代に設立された陰陽寮という役所で研究が始まった日本独自の魔術。中国の気の思想や呪禁道などが取り入れられている。平安時代の10世紀頃に最盛期。

奈良時代 — 呪禁道
奈良時代に中国から伝来。体内に入って病気を引き起こす鬼や魔物を撃退する病気治しの魔術。

修験道
日本古来の山岳信仰とインド伝来の体系的でない古い密教などが混淆して生まれた。山岳修行による超自然的な験力の獲得を目指す宗教。

平安時代 — 密教
平安時代に空海、最澄らによって日本に本格的に移植されたインド発祥の宗教。加持・祈祷の類が体系的に発達し、ほかの宗教以上に本格的な呪法を行う。

現代 — いざなぎ流
高知県物部村で今も行われている魔術的民間宗教。陰陽道の流れを汲むといわれるが、詳細は不明。

関連項目
- 陰陽道→No.065
- 気→No.052
- いざなぎ流→No.066
- 密教→No.067
- 修験道→No.069
- 加持祈祷→No.068

No.065
陰陽道

陰陽道は、平安時代に設立された陰陽寮において、中国起源の陰陽説、五行説、風水、道教の魔術などをもとにして発達したものである。

●陰陽寮で日本独自に発達した魔術

日本では大宝元年（701年）に、大宝律令によって、中務省管轄下に陰陽寮という官庁が設立された。この陰陽寮において研究・教授され、日本独自の魔術・自然学の体系として発達したのが陰陽道である。

陰陽寮では陰陽道のほかに、暦道、天文道の研究と教授が行われた。

暦道は天の運行から暦を作成する部署、天文道は天体を観測し、未来への影響などを判断する部署である。

これに対し、陰陽道の研究対象は、中国起源の**陰陽説、五行説、呪禁**、占術、**宿曜術**、風水、道教の魔術などだった。したがって、陰陽道の魔術はきわめて多種多様で、中国の**気の思想**とは関係ない、式神という超自然的な存在を操る魔術も含まれていた。

陰陽寮において陰陽道を研究・教授する官人が、安倍晴明のような陰陽師（陰陽博士）である。初期の時代には、陰陽寮で研究されている事柄は門外不出とされたので、民間には陰陽師はいなかった。しかし、時代が下ると、暦博士、天文博士など、陰陽寮に属する官人全体が陰陽師と呼ばれることもあった。また、平安中期以降は政治体制も緩み、陰陽寮専属の官人ではない、非合法の民間陰陽師も活躍するようになった。その代表といえるのが、安倍晴明と対決したといわれている蘆屋道満である。

平安時代には誰もが魔術を信じていたので、陰陽道や陰陽師の活躍する場面は多く、その意見に貴族や天皇は大いに影響された。

平安時代以降も陰陽寮は長く維持されたが、明治3年（1870年）、政府によって廃止されたので、現在はもちろん正式な陰陽師は存在しないし、陰陽道も盛んではない。ただ、高知県に伝わる民間宗教「いざなぎ流」は陰陽道の流れを汲むといわれ、人形を用いた呪いの法が現在も残されている。

陰陽道とは何か？

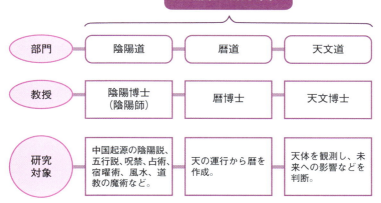

陰陽師とは？

当初は陰陽博士のことを陰陽師と呼んだが、のちに陰陽寮の官人をそう呼ぶようになった。

平安中期以降、非合法な民間陰陽師が活躍し始めた。

用語解説／関連項目

- ●呪禁→呪文や太刀などを用いて邪気や鬼神を制圧する道教由来の魔術。
- ●宿曜術→インド占星術に中国の道教などが混ざり合った占星術の一種で、空海などの留学僧によって日本にももたらされた。
- ●陰陽説、五行説→No.053
- ●気の思想→No.052

No.066
いざなぎ流の魔術

いざなぎ流は高知県の僻村に古くから伝わる民間宗教で、古代陰陽道の流れを汲むともいわれ、様々なタイプの特異な魔術儀式を残している。

●古代陰陽道の流れを汲む現代の流派

　いざなぎ流は高知県香美郡物部村にいまも伝承されている特異な民間宗教で、様々なタイプの魔術儀式を行うことで知られている。一説によればその中心にあるのは古代の**陰陽道**で、それに**修験道**、**密教**、神道などの宗教や様々な民間宗教の要素が加わり、現在の形になったといわれている。

　いざなぎ流では「太夫」と呼ばれる土着の宗教者が魔術儀式を執行する。そのため、太夫は豊富な種類の祭文を伝承しているが、流派は数種類ある。地域で適格者として選ばれた者が太夫となり、数人の師匠について祭文や儀式を学び、ときには独自につけ加えて伝承していくという。

　また、太夫は人を呪うことを「式を打つ」というが、「式」とは「式神」のことで、このあたりに古代の陰陽道の名残が見て取れる。

　魔術儀式には家や家族に憑いた厄を払う家祈祷のほか、病人祈祷、雨乞い、呪詛などの種類があり、儀式は家単位、集落単位で行われる。

　家祈祷を例にすると、それは「取り分け」という祈祷から始まる。これは、太夫がその家の家族や家そのものに取り憑いている災厄や悪霊などを幣の中に閉じ込め、家を清浄にする作業である。災厄を閉じ込めた幣は呪詛林という部落専用の場所や河原の石の下などに埋める。

　その後、御先様の祭祀を行う。五色の幣を垂らした花笠をかぶった太夫たちが家の祭壇の前に円座になって座り、祈祷し、さらに激しく舞い踊る。

　続いて新御子神の祭祀を行う。これは先祖供養のためのものである。いざなぎ流の考えでは、死者の霊はそのままでは冥界をさまよい続け、様々な害悪の原因となる。そこで、太夫が墓へ出向き、全身全霊を傾けて祈祷し、死者の霊を墓から出して幣に憑依させ、それを家に持ち帰り、神として祀るのである。

いざなぎ流とは何か？

いざなぎ流 ➡
- 高知県の僻村に現存する陰陽道系の民間宗教。
- 特異で豊富な魔術儀式が伝承されている。

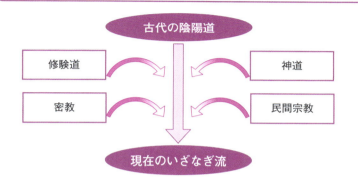

いざなぎ流の太夫と幣

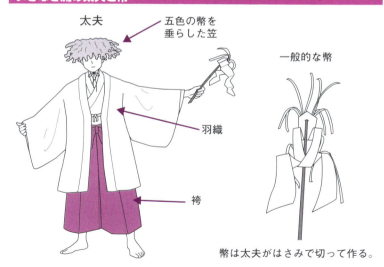

幣は太夫がはさみで切って作る。

関連項目
- 陰陽道→No.065
- 修験道→No.069
- 密教→No.067

No.067
日本密教の魔術

9世紀から大々的に日本に持ち込まれるようになった密教は即身成仏とともに現世利益を強調し、加持祈祷という本格的魔術を発達させた。

●加持祈祷という本格的魔術儀式を持つ日本の密教

俗人大衆には教えられない秘密の教えという意味を持つ密教は、仏教の一流派として西暦7世紀後半にインドで誕生した。密教は生きたまま宇宙と一体化して解脱するという思想を含んだ神秘主義的仏教で、それまでの**大乗仏教**と違い、当初から呪術的・魔術的傾向が強く、病気治療、長寿、怨敵退散の祈祷などが行われた。

その後密教は中国を経由し、9世紀に空海、最澄、円仁、円珍らによって正式に日本にもたらされた。日本の密教はとくに即身成仏（生きたまま仏になる）することを目指したが、一方で現世利益を強調し、加持祈祷と呼ばれる様々な本格的・魔術的儀式を発達させた。「護国修法」という国家の運命を守る祈祷修法もあり、国家とも緊密に結びついた。

日本の密教の祈祷修法は、火を燃やす**護摩**を基本とし、経典に従って仏教の神々を召請して行う。これらの神々を本尊とし、手で本尊固有の印契を結び、真言を唱え、心を集中して念ずることで願望が成就するという。

祈祷修法は目的によって4種類に大別できる。金銭的・精神的豊かさを求める増益法、皆に愛され、仲良くするための敬愛法、自分に危害を加える他者、自己自身の中の邪悪な存在を排除する調伏法、病気・災難・災害を免れ、健康に暮らすための息災法である。

個別の呪法には、増益法には大黒天神法（招請する本尊は大黒天）、地蔵菩薩法（地蔵菩薩）、敬愛法には愛染明王法（愛染明王）、歓喜母法（鬼子母神）、調伏法には六字経法（六字明王）、五壇法（不動明王などの五大明王）、大威徳明王法（大威徳明王）、息災法には七仏薬師法（薬師如来など）などの多数の呪法がある。これらの呪法にはそれぞれ本尊とする神があるので、その神を招請して儀式を行うのである。

密教とは何か？

密教 ➡
- 7世紀に仏教の一派としてインドで誕生。
- 空海、最澄らにより9世紀に正式に日本に輸入される。
- 現世利益を強調し、本格的魔術儀式を発達させる。

日本の密教魔術の基本

密教の修法では、①**護摩**を焚き、経典に従って神を召請し、手で本尊固有の②**印契**を結び、③**真言**を唱え、念ずることで願望が成就する。

①護摩

護摩は密教修法で最重要な儀式で、これによって神を招請する。

②印契

印形は神によって異なる。図は大威徳明王印。

③真言

オン・シュチリ・キャラロハ・ウンケン・ソワカ

真言は神によって異なる。これは大威徳明王の真言。

日本密教魔術の目的別分類

分類	目的	呪法
増益法	金銭的・精神的豊かさを求める。	大黒天神法、地蔵菩薩法など。
敬愛法	皆に愛され、仲良くする。	愛染明王法、歓喜母法など。
調伏法	外敵や自身の邪悪さを排除する。	六字経法、五壇法、大威徳明王法など。
息災法	病気・災難免れ、健康を得る。	七仏薬師法など。

用語解説／関連項目
- **大乗仏教**→小乗仏教が出家者だけの救済を目指すのに対してすべての生き物の救済を目指した仏教の一派。大乗仏教の中でもとくに秘密の教えとされるのが密教である。
- **護摩**→No.068

No.068
護摩

護摩は密教魔術の最も重要な儀式であり、火を燃やしながら、手印、真言、観想、呪文などを駆使して様々な仏に祈り、願望を成就するものである。

●日本密教の最も重要な魔術儀式

　密教は7世紀後半にインドで生まれた仏教の一派で、日本には9世紀前半に空海、最澄らによって中国から持ち込まれた。密教の目的は仏の加護を得て即身成仏することだが、現世利益が重要視され、様々な仏に祈ることで自分の願望を成就する加持祈祷の魔術を発達させた。この加持祈祷を行うための最も重要な儀式が護摩であり、古代インドの言葉で、火を燃やして仏に祈るという意味の「ホーマ」を音写した言葉である。

　密教で行う加持祈祷や護摩には目的によって4種類の法がある。増益法（金銭的にも精神的にも豊かになる）、敬愛法（皆に愛され、仲良く暮らす）、調伏法（自分に危害を加える他者、自己自身の中の邪悪な存在を排除する）、息災法（病気・災難・災害を免れ、健康に暮らす）である。これらの目的に応じて、護摩壇の方向、炉の形、衣の色などに決まりがある。

　護摩は、護摩壇に置いた炉で段木を積んで燃やすことから始まり、続けて様々な護摩木や供物（芥子、香、切り花など）を投げ込んでいくことで行う。何を燃やすかは目的によって異なり、敬愛法では花木、息災法では甘い味の木、増益法では果のある木、調伏法では苦木の根の部分などと定められている。護摩を行いながら加持祈祷を行う。加持祈祷は、手印、真言、観想、呪文などを用いて、神々や仏に祈ることで、目的達成のために最も効験ある仏を本尊としてこれを行うのである。

　護摩や加持祈祷の細かな決まりについては、密教には大量の経典があり、本尊とする神や、目的によってその方法が定められているので、それにしたがって行えばよい。こうして、定まったやり方で護摩と加持祈祷を執り行うことで、本尊となった神がその望みを叶えてくれると信じられたのである。

護摩の基本

護摩 ➡ ・日本密教の加持祈祷の魔術で最も重要な儀式。
・火を燃やしながら様々な神に祈る儀式。

護摩の加持祈祷は、護摩壇においた炉で段木を燃やしながら、目的に応じた神に祈ることで行う。目的によって行者の衣色や炉の形などに細かな決まりがある。

護摩修法の決まり

修法種類	行者の向き	行者の衣色	炉の形	燃え木
息災法	北	白	円形	甘い味の木
増益法	東	黄	方形	果のある木
調伏法	南	赤・黒	三角形	苦木の根
敬愛法	西	赤	半円形	花木

護摩炉の形

息災法で用いる円形の炉。

調伏法で用いる三角形の炉。

増益法で用いる方形の炉。

敬愛法で用いる半円形の炉。

関連項目
●密教→No.067

No.069
修験道の魔術

7世紀に役小角によって始まったといわれる修験道は、山岳修行によって空中飛行術などの超自然的な験力の獲得を目指す日本独特の宗教である。

●山岳修行により得られる超自然的な験力

古代の山岳信仰に始まり、そこに雑蜜呪術、**密教**、道教、**陰陽道**などが習合して生まれた修験道は、国土のほとんどが山という日本独特の混淆宗教である。伝説では、修験道を始めたのは7世紀の大和の人・役小角だったという。役小角は山で苦行を行い、孔雀明王の呪法を究め、空中飛行、病気治療、悪霊調伏、自然災害の消去など様々な験力を発揮したという。

この役小角と同じように、修験道では山伏となって山に籠って厳しい修行を積み、超自然的な験力を獲得することを目指す。そして、験力を得た修験者は、山を下り、しばしば人々に頼まれてその力を使った。

修験道の修業は大日如来や不動明王などの本尊と一体化することを目指している。現在は行われていないが、室町時代中期に十界修行が成立し、これがその後の修行法の基本となった。これは仏教における六道―地獄・餓鬼・畜生・修羅・人間・天と、四聖―声聞・縁覚・菩薩・仏の各段階の修業を行うことをいい、その後、即身成仏の修業として7日間で180キロの奥駆けを大峯山で行うのである。

修験道の行法は主に雑蜜と呼ばれる呪術的な密教から来ている。雑蜜は空海や最澄以前に日本に入って来ていた、まだ体系立っていない原初的な密教である。そのため、修験道の行法は密教と共通するところがあるが、一般的な密教に比べて自由で、細かなことにこだわらないという特徴がある。たとえば、仏教の神々にはそれぞれに定まった真言があるが、修験道ではすべての神々に有効な真言「アビラウンケンソワカ」を唱えることで代用することもできるとされている。

修験道の呪法としては護身や調伏に利用できる九字法、天狗や狐を使役して願望を叶えてもらう飯綱の法などが有名である。

修験道とは何か？

修験道 ➡
- 山岳信仰をもとに生まれた日本独特の宗教。
- 山での修行により、超自然的な験力の獲得を目指す。
- 伝説では7世紀に役小角によって始まる。

修験道では山伏となって山で修業し、超自然的験力を得ることを目指す。

 ➡ ➡ 超自然的験力

- 空中飛行。
- 病気治療。
- 自然災害の消去。
- 悪霊調伏など。

修験道の十界修行の内容

十界	修行名	内容
地獄行	床堅（とこがため）	打ち木で自分を打ち、自分を大日如来だと観想する。
餓鬼行	懺悔（ざんげ）	密室で先達に五体投地し、罪を懺悔する。
畜生行	業秤（ごうびょう）	両手を縛って吊り上げ、罪の重さを計る。
修羅行	水断（みずだち）	飲み水だけでなく、一切の水の使用を禁止する。
人間行	閼伽（あか）	先達が頭上から閼伽水を注ぎ、煩悩を洗い流す。
天行	相撲（すもう）	修行者同士が相撲を取り、地霊を鎮める。
声聞行	延年（えんねん）	修行者が扇を持って舞い、先輩山伏がはやし立てる天道快楽の修業。
縁覚行	小木（こぎ）	山で護摩用の木（小木）を集める。皮を剥いだ白小木（白骨を意味する）と皮のついた黒小木（皮肉を意味する）の2種類がある。
菩薩行	穀断（こくだち）	7日間穀物を断つ。
仏	正灌頂（しょうかんじょう）	先達から秘印を授けられ、仏となる。

関連項目
- 密教→No.067
- 陰陽道→No.065

マナ

ポリネシアやメラネシアでは古くからマナという宇宙エネルギーが信じられ、強力なマナを手に入れることが重要視された。

●マナは何より重要な神秘的生命エネルギー

　マナはハワイ、ニュージーランド、ニューギニアなどを含むポリネシアやメラネシアの人々が信じる宇宙の根本エネルギーである。マナの概念がいつ頃生まれたかははっきりしない。しかし、マナはこの地の魔術の前提といえるものなので、非常に古くからあるといってよいだろう。

　この地では、マナはとにかくすべてのものに宿っているとされる。人間はもちろん、動物、植物、石、山、川、人工的に作られた様々な道具、そして死霊にもマナは宿っている。しかし、マナはそのもの固有のものではなく、あるものから別なものに移動するという特徴がある。そのため、あるもののマナは強力だが、別なもののマナは弱いということが起こる。

　当然のように、強力なマナを持つものはそれ自体が強力な力を発揮すると信じられている。ある戦士が戦場で立派な働きをすれば、それは彼の槍が強力なマナを宿していたからだとされる。部族のリーダーが立派な働きをすれば、それは彼が大量のマナを所有していたからだと説明されるのである。つまり、マナは中国の**気**と似たようなもので、これを自由に操ることこそが魔術なのである。

　このような性質を持つものだから、ポリネシア、メラネシアの人々はマナを非常に重要視してきた。1810年にハワイ諸島全域を完全統一したカメハメハ大王（1758年〜1819年）が死んだときには、誰かが大王のマナを奪ったりしないようにその墓は秘密にされたほどだった。このため、現在でも大王の墓はどこにあるかわからないのである。

　また、ハワイでは王の影を踏んだ者は死刑という決まりがあった。これもまた影を踏むことで王のマナが奪われてしまうと考えられていたからだった。

宇宙エネルギー「マナ」

マナ →	・ポリネシア地域の宇宙の根本エネルギー。 ・すべてのものに宿っている。 ・強力なマナを持つものは強い。

マナの移動　マナはすべてのものに宿っているが、ものの間を移動するので強くなったり弱くなったりする。

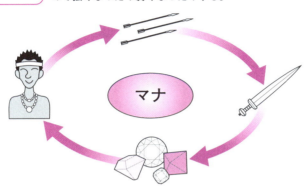

マナの作用　強力なマナを持つ者は強く、立派な働きをする。

強力なマナを持つ戦士

英雄になれる。

マナの弱い戦士

すぐに負ける。

関連項目
●気→No.052

No.071
ハワイの魔術師カフナ

カフナは古代ハワイの専門技術者で、多くの場合、司祭、占い師、魔術師、ヒーラー、予言者として、超自然的な技を使った。

●誰にも真似できない技を持つ高度な専門技術者

　カフナは様々な専門分野に分かれた古代ハワイの魔術師である。

　古代ハワイ人たちは人間の魂と現実の世界は密接に関係しており、心の持ち方一つで現実の世界を変えられると考えていた。しかし、それは誰にでもできるというものではなかった。ハワイには古くからフナと呼ばれる伝統的な魔術の教えがあった。フナはハワイの言葉で「秘密」という意味である。その秘密の教えを受け継ぎ、実践する者がカフナだった。一般のハワイ人たちはフナの教えを知らず、何か必要なことが起こったとき、カフナのもとを訪ね、助けを求める習慣だった。

　カフナの持つ職能にはヒーリング、祭司、大工、航海など数多くの専門分野があった。それぞれのカフナを区別するためにはカフナ・ラアウ・ラパアウ（ヒーリング）、カフナ・キロラニ（天文・気象）、カフナ・ホオウルアイ（農業）というようないい方をした。

　カフナの専門によっては、現代的な意味では魔術師とはいえない者もいたかもしれない。カヌー作り、器作り、染色、航海術の専門技術者などがそうだ。しかし、一般的にはカフナといえば、司祭、占い師、魔術師、ヒーラー、予言者など、魔術的な専門技術者が多かった。古代ハワイ人にとっては、魔術も、高度な技術も、同じように不思議なものだったのだろう。

　魔術師としてのカフナは超自然的な方法によって、人々の病を癒したり、天候を変えたり、獲物となる魚を呼び寄せたりしたと伝えられている。また、カフナたちは超能力者のようにテレパシーを使うこともあったという。

　こういう存在だから、カフナの社会的地位は高く、カフナになるためにはカフナの師匠に入門し、長期にわたる広範な厳しい訓練を受ける必要があった。

カフナとは何か？

カフナ ➡ ・古代ハワイの魔術師。
・古代ハワイの魔術フナの伝承・実践者。

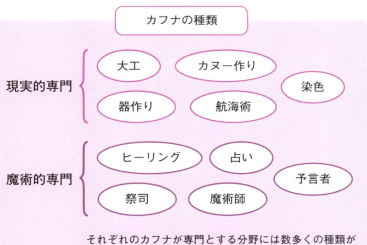

それぞれのカフナが専門とする分野には数多くの種類があったが、多くは魔術的な専門技術者だった。

気と中国医学

　魔術に限らず、中国の伝統的世界ではあらゆる学問・思想が「気」という宇宙エネルギーを前提にして成り立っていた。中でも、中国医学は気の思想と結びつくことで大きな発展を遂げた。

　中国医学は文字通り中国の医学ということだが、中国で生まれた医学のすべてが中国医学と呼ばれるわけではない。一般に中国医学と呼ばれるものが生まれる以前から中国に医学は存在した。しかし、それは単なる呪術や、経験によって薬物を用いたりするもので、現在のわれわれが中国医学と呼ぶものとは別のものだった。簡単にいうと、中国医学は漢代頃に鍼灸療法と結びついてその基本が成立した。この時代に鍼灸の中でもとくに鍼療法が発達し、独自の医学理論が形成された。それは、「気」「陰陽論」「五行説」「経絡」「経穴（ツボ）」などを前提とした医学理論だった。

　その考えによると、気は人間の健康においても絶対的に重要なものだった。鍼療法の医師たちは、人間の体内には「経絡」というものが張り巡らされており、その中を営気という気が循環していると考えた。「経絡」とは経脈と絡脈のことでどちらも気の通り道だった。そして、経脈の上にある365の経穴（ツボ）を刺激することで気のバランスを調節し、健康を増進したり、病気を治したりできるというのである。

　この理論は『黄帝内経』という本にまとめられたが、この本は中国医学最古の古典とされるものである。中国医学というと日本の漢方のもととなった薬物療法も有名だが、『黄帝内経』の理論はのちには薬物療法の基礎理論としても採用された。つまり、鍼灸療法・薬物療法を含む中国医学の全体が気の理論の上に成り立っているのである。

　とすると、いかにも怪しげな気という宇宙エネルギーを前提としている点で、中国医学もかなり魔術的なものと思えてくる。だが、決してそんなことはないようだ。中国医学には千年を超える歴史があり、それだけの経験と蓄積がある。この実際的な経験と蓄積が中国医学を魔術とは一線を画したものにしているといってよいだろう。

第4章
魔術の新時代

No.072
ルネサンス時代の魔術

古代文化の復興を目指したルネサンスによってヨーロッパにヘルメス主義、新プラトン主義などが広まり、あらゆる魔術活動が活発になった。

●あらゆる魔術活動を刺激したルネサンス

　ルネサンスは文芸復興と訳されるように、古代ギリシア・ローマの文化を復興しようという文化運動である。14世紀頃にイタリアで興り、その後ヨーロッパ各地へ広まった。

　西洋魔術に関していえば、ルネサンスは古代の遺産である**ヘルメス主義**の広がりという形でやってきた。ヘルメス主義の文献は中世ヨーロッパでも知られていたが、その内容が広まったのは1471年に『ヘルメス文書』のラテン語版が出版されてからだった。原本からラテン語に翻訳したのはイタリアの哲学者マルシリオ・フィチーノ（1433年～1499年）だった。フィチーノはその後、知識階級の神秘主義者の中心人物として絶大な影響力を振るうことになったが、その魔術思想は自然界のすべてが精神的につながっているという**新プラトン主義**を基盤にしていた。ルネサンス期にはユダヤ神秘思想**カバラ**もヨーロッパの魔術思想に積極的に取り入れられた。

　ヘルメス主義、新プラトン主義、カバラの流行が意味するのは、魔術によって自分自身が神的な完全性を手に入れようとする**古代密儀宗教**的な高等魔術の復活だった。そして、フィチーノ以降、ピコ・デラ・ミンドラ、アグリッパ、パラケルスス、ジョン・ディーなどが活躍し、ルネサンスの高等魔術思想はヨーロッパ中に広まった。

　こうした動きによって、古くからある魔術を含めて、様々な魔術的活動が活気あるものとなった。すでに、15世紀に活版印刷技術が発明されていたので、大量の**魔術書**が印刷されて出回り、複雑な儀式を必要とするような高度な召喚魔術も大衆化した。また、ヘルメス主義とカバラへの関心は、17世紀になると**薔薇十字団**への興味を生み出し、18世紀の**フリーメーソン**、19世紀の**黄金の夜明け団**などにつながることになった。

ルネサンス期の魔術の変貌

ルネサンス ➡ 古代ギリシア・ローマ文化の復興を目指す文化運動。

⬇

西洋魔術の世界では？

フィチーノ

- フィチーノが1471年に『ヘルメス文書』のラテン語版を出版、ヘルメス主義・新プラトン主義が流行する。
- ユダヤ神秘主義カバラが積極的に導入される。

⬇

高等魔術が復活する。

高等魔術を広めた魔術師たち。

ピコ・デラ・ミンドラ　アグリッパ　パラケルスス　ジョン・ディー

⬇

あらゆる魔術活動が活発化する。

高等魔術の伝統は新しい魔術結社につながった。

| 薔薇十字団 | フリーメーソン | 黄金の夜明け団 |

関連項目
- ヘルメス主義→No.014
- 新プラトン主義→No.013
- カバラ→No.042
- 古代密儀宗教→No.004
- 魔術書→No.079
- 薔薇十字団→No.086
- フリーメーソン→No.088
- 黄金の夜明け団→No.096

No.073
ルネサンス期を代表する魔術師アグリッパ

アグリッパはルネサンス期のオカルト論者の中で最も重要な人物であり、様々な呪術の教義を研究し、哲学とカバラを統一しようとした。

●後世に最も大きな影響を残した魔術書の作者

　ドイツ人の人文科学者ハインリッヒ・コルネリウス・アグリッパ・フォン・ネッテスハイム（1486年～1535年）はルネサンス期で最も重要な魔術師である。その代表作である『オカルト哲学』で、彼は**自然魔術**によって得られる天界の叡智、天使との対話の儀式、**カバラ**、物質界と元素界をつなぐ共振などについて考察した。それは当時の魔術の集大成と呼べる傑作で、それまでに書かれた魔術書の中で最も影響力のあるものになった。

　アグリッパはドイツのケルンの生まれで、ケルン大学とパリ大学で学んだ。大学卒業後は神聖ローマ帝国皇帝マクシミリアン1世に仕え、使者として、軍人として、多くの国を訪れた。

　知的好奇心にあふれた人物で、若くして神秘学に熱中し、中世の大学者**アルベルトゥス・マグヌス**の著書を熟読した。イタリア人魔術師の本も読み込んだ。1511年頃、軍務でイタリアを訪れたときに、カバラとヘルメス主義についての知識も深めた。その後、カバラや**ヘルメス主義**について講演を行い、教会の権威者とトラブルになったこともあった。

　1510年頃までに、彼の名を不滅のものにした『オカルト哲学』を書き上げ、1533年にアントワープで印刷して発表した。

　アグリッパは自分の魔術は善い魔術であり、邪悪な魔術ではないと主張した。しかし、同時代の魔術師**パラケルスス**と同じく、世間の人々からは邪悪な魔術師として非難された。人々は彼が悪魔を崇拝していると噂した。1535年にアグリッパは亡くなったが、その頃にはすでに彼は黒魔術師であり、黒い犬の姿をした使い魔を飼っていたという話も信じられるようになっていた。ゲーテ作『**ファウスト**』の中で、ファウスト博士が黒いむく犬を飼っているのはこの話がもとになっている。

アグリッパの人物像

アグリッパ

・ルネサンス期の最も重要な魔術師。
・魔術書『オカルト哲学』の作者。

本名	ハインリッヒ・コルネリウス・アグリッパ・フォン・ネッテスハイム。
生没年	1486年～1535年。
略歴	・ドイツのケルン生まれ。 ・ケルン大学とパリ大学で学ぶ。 ・大学卒業後、神聖ローマ帝国皇帝マクシミリアン1世に仕える。 ・神秘学に熱中。アルベルトゥス・マグヌスの著書やイタリア人魔術師の本を読む。 ・1510年頃までに、『オカルト哲学』の草稿を完成。 ・1511年頃、軍務でイタリアへ。カバラとヘルメス主義の知識を深める。 ・1533年、『オカルト哲学』をアントワープで印刷、発表。 ・1535年、死去。

アグリッパを巡る噂

アグリッパはその主張と裏腹に悪い噂を立てられた。

関連項目
- 自然魔術→No.031
- カバラ→No.042
- アルベルトゥス・マグヌス→No.029
- ヘルメス主義→No.014
- パラケルスス→No.075
- 『ファウスト』→No.076

No.074
魔術書の中の魔術書『オカルト哲学』

『オカルト哲学』はルネサンス時代を代表する自然魔術の書だが、悪魔を操る黒魔術と原理的に区別できず、アグリッパは黒魔術師と見なされた。

●歴史上最も影響力を持った魔術書

　『オカルト哲学』はルネサンス時代を代表する魔術師**アグリッパ**（1486年～1535年）が書いた**自然魔術**の書で、歴史上最も影響力を持った魔術書の一つである。この本はアグリッパ以前の魔術を後世に伝えるのに役立っただけでなく、その後に登場した数多くの魔術書に大きな影響を与えた。

　1510年頃に草稿が完成し、1533年にアントワープで印刷された。アグリッパはこの本をベネディクト会修道院長で、錬金術と魔術に造詣の深かったトリテミウス（1462年～1516年）に捧げた。

　自然魔術とは創造主である神の力がどういう形で人間世界に影響を与えているかを考察する一種の学問で、決して邪悪な魔術ではなく、中世のキリスト教会も認めていた。『オカルト哲学』の中にも、「善き霊を呼び寄せ、悪い霊に打ち勝つ方法」という表題があり、それが邪悪な黒魔術ではないことが主張されていた。

　『オカルト哲学』は3巻構成で、ルネサンスに流行していた**ヘルメス主義**や、アラビアから輸入された魔術書『**ピカトリクス**』の天界魔術、**カバラ**魔術、**数秘術**などの影響を受けていた。つまり、宇宙は叡智界、天界、物質界の3層構造で、叡智界に住む神の力は天界にいる天使や悪い霊を通して物質界に伝えられる。だが、力は上から下への一方通行ではなく、下から上へ伝えることもできる。物質界の人間が天界の存在と親和的な薬草、香、呪文、宝石などを操作することで、天界に住む天使や様々な霊を思い通りに操ることができる。また、天使との対話の儀式やカバラ的な儀式、数の力を利用することで、神の恩恵を得ることができると主張している。しかし、『オカルト哲学』は悪魔を操る黒魔術と原理的に区別できない部分があり、邪悪な本として非難された。

『オカルト哲学』とは何か？

『オカルト哲学』 ➡ ・魔術界に絶大な影響を与えた魔術書。
・ルネサンス期の魔術師アグリッパの作。

内容は？

- ヘルメス哲学
- カバラ
- 天界魔術
- 数秘術

表題に「善き霊を呼び寄せ、悪い霊に打ち勝つ方法」とあった。

『オカルト哲学』

- 叡智界（神）
- 天界（天使・霊・惑星・星）
- 物質界（薬草・香・呪文・宝石、数、呪文、様々な儀式）

宇宙は**叡智界**、**天界**、**物質界**の3層構造で、物質界で正しい儀式を行えば神の恩恵を得られると主張した。

評判は？　黒魔術と類似していたため、邪悪な本として非難された。

関連項目
- アグリッパ→No.073
- 自然魔術→No.031
- ヘルメス主義→No.014
- 『ピカトリクス』→No.050
- カバラ→No.042
- 数秘術→No.009

No.075
錬金術の変革者パラケルスス

スイス生まれの医師パラケルススは黄金変成中心の錬金術に革命をもたらし、医学において鉱物を利用する先駆者となった。

●医学界にも変革をもたらした偉大な錬金術師

　パラケルスス（1493年～1541年）は**アグリッパ**と同時代を生きた偉大な**錬金術師**である。彼はスイス人医師で、医学や錬金術、天界の魔法について考察し、実験を行い、ヨーロッパ中に大きな影響をもたらした。しかし、彼はアグリッパと同じように黒魔術師として世間からは非難され、「悪魔の呪文を使う魔術師」と呼ばれた。

　パラケルススは開業医の息子として生まれ、9歳で鉱山医師の助手として、修行した。青年時代にスイスのバーゼル大学、イタリアのフェッラーラ大学で医学を学んだ。その後もヨーロッパ各地で錬金術・**占星術**などを学んだ。そして、彼は錬金術の目的は人間の健康に役立つ医薬品を作ることだという信念に達した。理論の中心にあったのは大宇宙と小宇宙は完全に対応し、かつすべてのものに生命が宿っているという考えだった。その考えによれば、大宇宙と小宇宙のいずれか一方で起こっていることはそのまま他方で起こっているのであり、人間の生命と宇宙の生命はまったく同じものとされた。こうして、錬金術は人間のみならず世界を完成させる術へと高められ、この思想は**薔薇十字団**のような結社に引き継がれた。

　1527年、ストラスブールでエラスムスなどの人文主義者と知り合い、その推薦でバーゼル大学で医学を講義することになった。しかし、すぐに追放された。当時の医学界で絶対的とされた古典的権威の学説を真正面から否定したためだ。とはいえ、彼は当時誰もが使用していた薬草の代わりに鉱物から作られた薬を使用することで、今日の「医療化学」と呼ばれるものを創始し、医学の分野にも大変革をもたらした。

　「Paracelsus」という名には、「ケルススより偉大である」という意味がある。ケルススは、古代の偉大な医師である。

パラケルススとは？

パラケルスス ➡
- ルネサンス時代の医師。
- 錬金術と医学の偉大な変革者。
- 本名はテオフラストゥス・ボムバストゥス・フォン・ホーエンハイム。

パラケルススの人物と思想

誕生 1493年、スイス人医師の子として生まれる。

少年期 9歳で鉱山医師の助手となる。

青年期
- スイスのバーゼル大学、イタリアのフェッラーラ大学で医学を学ぶ。
- ヨーロッパ各地で錬金術、占星術などを学ぶ。

壮年期
- 1527年、エラスムスなどの人文主義者と知り合い、その紹介によりバーゼル大学の医学講師となる。
- 医学の古典的権威を否定し、すぐに追放される。

その後 放浪生活を送りながら、膨大な論文を書く。『奇跡の医書』『奇跡の医の書』『奇跡の医術』が有名。

パラケルススの思想

パラケルススは錬金術の目的は健康に役立つ医薬品を作ることであり、世界を完成させることだと考えた。

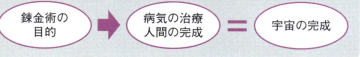

錬金術の目的 ➡ 病気の治療 人間の完成 ＝ 宇宙の完成

薔薇十字団　　フリーメーソン

パラケルススの思想は薔薇十字団やフリーメーソンに影響を与えた。

関連項目
- アグリッパ→No.073
- 錬金術師→No.048
- 占星術→No.049
- 薔薇十字団→No.086

No.076 ファウスト伝説

アグリッパやパラケルススに対する悪評が悪魔メフィストフェレスと契約したというファウスト博士の伝説を育てた。

●悪魔の力で幸福を得た魔術師

アグリッパや**パラケルスス**の悪評が広まると、人々は同時代を生きていたもう一人の魔術師に興味を抱き、その人物について大いなる伝説を作り上げた。ファウスト博士の伝説である。

ファウスト伝説は16世紀のドイツで活動した、ヨーハン・ゲオルク・ファウストという実在の人物をモデルにして作られたと考えられている。

実在のファウストはポーランドのクラクフ大学で学び、さらにドイツのハイデルベルク大学で博士号も取得したと自称していた。しかし、「俺は最高の錬金術師だ」と豪語するような性格で周囲とうまくいかなかった。彼はヴァーグナーという助手を連れ、人々に魔術を見せて放浪生活を送った。そして、最後は落ちぶれ、ある宿屋の2階で奇怪な死を遂げた。錬金術の実験に失敗したともいわれるが、大爆発で身体がバラバラになってしまったらしい。それから間もなく、ファウスト博士の伝説が生まれた。

伝説のファウスト博士はドイツのワイマール近郊の生まれで、金持ちの叔父の養子となり、好成績で神学博士になった。しかし、黒魔術に興味を持ち、秘密の知識を究めようとしてウィッテンベルク近郊の森でメフィストフェレスを呼び出し、契約を結んだ。24年間、悪魔の助けであらゆる享楽を手に入れられる代わりに、最後は、悪魔に魂を引き渡すという契約だ。こうして、ファウスト博士はこの上なく幸福な人生を送るが、その最期は悲惨だった。24年の契約期間が終わった日の真夜中、激しい嵐で宿屋の建物が揺れると、ファウストの叫び声が響いた。そして、翌朝、博士の身体はバラバラになって屋外の肥やしの上に散らばっていたのである。

ヨハン・ヴォルフガング・フォン・ゲーテ（1749年～1832年）作の有名な戯曲『ファウスト』も、この伝説をヒントにして書かれている。

ファウスト伝説とは何か？

ファウスト伝説 ➡
- ファウスト博士が悪魔と契約し、享楽的に暮らしたのち、悪魔に魂を奪われ、奇怪な死を遂げるという伝説。
- 18世紀のドイツで大流行した。

伝説のファウスト博士の生涯

誕生	ドイツのワイマール近郊に生まれる。
成長	金持ちの叔父の養子となり、好成績で神学博士になる。
悪魔との契約	ウィッテンベルク近郊の森で悪魔メフィストフェレスを呼び出し、契約を結ぶ。

契約内容は

享楽的人生	24年間、悪魔の助けであらゆる享楽を手に入れられる代わりに、最後は、悪魔に魂を引き渡す。 ・全ヨーロッパ、エジプトなどを瞬時に旅する。 ・地獄界、天界を旅する。 ・天体の運行、天地創造など誰も知らない知識を得る。 ・古代世界の美女と結婚する。 ・好きなだけ女性を渉猟する。
最期	契約期間が終わった日の真夜中、悪魔に魂を奪われ、翌日バラバラになった死体が発見される。

ゲーテ作『ファウスト』もこの伝説をヒントにしている。
ただし、ハッピーエンドに変えられている。

関連項目

●アグリッパ→No.073　　　　　●パラケルスス→No.075

No.077 ジョン・ディーとエノク魔術

エリザベス女王の魔術師だったジョン・ディーはエドワード・ケリーの協力を得て、天使からエノク魔術の体系を授けられたという。

●天使からエノク語を授けられた魔術師

　ジョン・ディー（1527年～1608年）はルネサンス期イングランドで最も高名だった魔術師である。神童の誉れ高く、15歳でケンブリッジ大学に学び、19歳でトリニティーカレッジの特別研究員になった。彼は当時の人文科学全般を研究対象にしていたが、その頃から魔術の研究も始めていた。

　1551年、エドワード6世の宮廷占星術師となったが、2年後にメアリー女王が即位すると女王を魔術で殺害しようとしたとして一時投獄された。女王の跡継ぎであるエリザベス王女のために、女王の死を予言しようとし、彼女のホロスコープを描いたためである。女王の死後、ディーはエリザベスの戴冠式に占星術的に最も良い日を定めるために雇われた。この頃から本格的に魔術にのめり込むようになった。ディーはトリテミウスと**アグリッパ**に影響された。そして、**カバラ**、**錬金術**、**占星術**、**数秘術**についての書物『聖刻文字のモナド』（1564年）を書いた。

　ディーは水晶球を使って霊と交信を試みたが、自分では霊と交信できず、1582年から、自称霊能者のエドワード・ケリーを協力者にした。そして、ケリーを霊媒とすることで、天使たちからエノク語（天使語）の魔術を授けられた。19世紀になり、この魔術に注目した**黄金の夜明け団**によって体系化されたのが、現在「エノク魔術」と呼ばれるものである。

　1583年から、ディーとケリーは妻子同伴で東欧へと旅し、プラハでルドルフ2世と会見した。天使との通信や錬金術の黄金変成によって皇帝の歓心を得ようとしたのである。しかし、ディーはプラハでケリーと仲たがいし、決別した。その後、ディーは1589年に英国へ戻り、19年後、貧困の中で死んだ。ケリーの方は、1588年に詐欺師としてルドルフ皇帝に逮捕され、その5年後に脱獄に失敗して死亡した。

ジョン・ディーのプロフィールと経歴

ジョン・ディー ➡ ・ルネサンス期イングランドの魔術師。
・天使からエノク語の魔術を授けられる。

- **1527年** 英国のロンドンに**生まれる**。
- 1542年 ケンブリッジ大学入学。
- 1546年 トリニティーカレッジの特別研究員になる。
- **1551年** エドワード6世の**宮廷占星術師**になる。
- **1553年** **メアリー女王を魔術で殺害しようとした**として投獄される。

この頃、魔術に熱中し、トリテミウス、アグリッパの影響を受ける。

- 1564年 カバラ、錬金術、占星術、数秘術についての書『聖刻文字のモナド』を書く。
- **1582年** 自称霊能者エドワード・ケリーを協力者にする。

ケリーを霊媒にして天使からエノク語の魔術を授かる。

- 1583年 ケリーとプラハへ。ルドルフ2世と謁見する。
- 1589年 ケリーと決別後、帰国。
- **1608年** 貧困のうちに**死去**。

❖ エノキアン・マジック

　エノキアンとはエノク語という意味で、エノキアン・マジックとは天使の言語を用いた魔術のことである。ディーの日記によれば、天使語は神が世界創造に使用した言語で、最初の人間アダムもこの言葉を用いて神や天使と会話したという。しかし、ディーの死後に屋敷が火事になり、日記は多くが失われ、エノキアン・マジックのことは忘れられてしまった。その魔術が再び日の目を見たのは、近代になってからで黄金の夜明け団のマグレガー・メイザースやアレイスター・クロウリーの働きによるところが大きい。これらの人々の努力によって、この魔術は利用可能な形にまとめられ、「エノキアン・マジック」という新しい名前を得て人々に知られるようになったのである。

関連項目
- アグリッパ→No.073
- カバラ→No.042
- 錬金術→No.045／No.046
- 占星術→No.049
- 数秘術→No.009
- 黄金の夜明け団→No.096

第4章●魔術の新時代

No.078
大予言者ノストラダムス

大予言者ノストラダムスは、その死後に起こったフランス革命やワーテルローの戦い、第2次大戦まで詳しく予言したといわれている。

●ワーテルローの戦いやフランス革命を予言する

　すべての予言者や占星術師の中でも最も偉大といわれているノストラダムス（ミシェル・ド・ノートル＝ダム、1503年～1566年）もルネサンス時代を生きた魔術師の一人である。

　ノストラダムスは当時の最も優れた医師の一人で、薬草や鉱物の知識に精通していた。彼はモンペリエの大学で医学を学んだが、その頃ペストが流行した。彼は医学の勉強を中断し、町から町を旅して回り、奇跡的な治療を施した。のちにプロヴァンスのサロンに落ち着いた。1550年から毎年、予言のアルマナック（占い暦）を出版した。彼の占いは、三脚の上に置いた器の中の水に遠い未来のヴィジョンを見るというものだった。それを、フランス語、イタリア語、ギリシア語、ラテン語などを混合した暗示的でシンボリックな詩句で書き記した。1555年には有名な**『百詩篇集』**と呼ばれる予言詩集を出版した。予言は大評判になり、あらゆる階級の人々がサロンにやって来て、彼の言葉を聞きたがった。1547年にフランス王妃となったカトリーヌ・ド・メディシスはオカルトや魔術に興味を持ち、何人かの占星術師や魔術師を宮廷に召し抱えていた。1556年にパリにやって来たノストラダムスは何度も王妃に呼び出され、相談に乗り、王妃の寵愛を得た。そのため、彼の名声は一層高いものになった。死後の1568年には全集も出版され、ヨーロッパ中を熱狂させた。

　ノストラダムスの予言詩は暗示的に書かれているため、いろいろな解釈が可能だった。読み方によっては、フランス革命（1789年）、ワーテルローの戦い（1815年）、第2次大戦（1939年～1945年）など数多くの歴史的な事件が彼の予言した通りに起こったといえるのである。また、自分自身の死の状況まで『百詩篇集』の中で詳しく予言していたといわれている。

ノストラダムスのプロフィール

ノストラダムス ➡ ・ルネサンス期の予言者。
・予言詩集『百詩篇集』で人気。

ノストラダムスの予言法

ノストラダムスは三脚の上においた器の中の水に遠い未来のヴィジョンを見たという。

『百詩篇集』の予言

予言詩集『百詩篇集』(1555年)で、ノストラダムスは多数の歴史的事件を予言したといわれている。

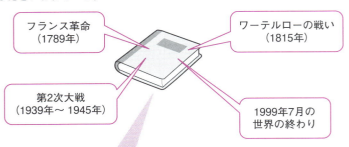

- フランス革命(1789年)
- ワーテルローの戦い(1815年)
- 第2次大戦(1939年～1945年)
- 1999年7月の世界の終わり

以下の詩は、第2次大戦中、ドイツ軍が一時的にフランスを侵略するが、最終的にはフランスが勝利したことを予言していたといわれる。

> 大陣営が無秩序に敗走するが
> あとで追及されることなく
> ふたたび陣をはり軍隊は順序よく置かれ
> あとで彼らはフランスから撤退するだろう
> <諸世紀 第4章12篇>

用語解説
- 『百詩篇集』→400篇以上の四行詩で構成された本で、日本では『諸世紀』という題名でよく知られている。

No.079 魔術書の流行

ルネサンス時代にはあらゆる魔術活動が盛んになり、民間で召喚魔術を行う魔術師も激増した。その結果、大量の魔術書が出版され、流行した。

●召喚魔術に必要とされた魔術書

ルネサンス時代のヨーロッパでは**新プラトン主義**などの古代の魔術思想が流行したことで、あらゆる魔術活動に活気が与えられ、民間において召喚魔術を行う魔術師も増大した。召喚魔術は古代ギリシア・ローマ時代からあるもので、適切な儀式を行うことで超自然的な精霊を呼び出し、その力を自分のために使おうというものである。この結果、召喚魔術の儀式手順について解説した、いわゆる魔術書の需要も激増し、次から次と魔術書が作られ、出版されることになった。1450年頃、グーテンベルクによって活版印刷技術が発明されていたことも、魔術書の流行を後押しした。

魔術書というと非常に古いものが多いように感じられるが、現存する魔術書の多くはこの時代に作られたのである。

魔術書作者たちは刺激的な本が出ると、すぐにその本の類似品を作った。**アグリッパ**の書いた『**オカルト哲学**』は当時最高の**自然魔術**の書だったが、彼が死ぬと間もなく『オカルト哲学　第4の書』という本が「アグリッパ」の筆名で出版された。ほかに、『魔術のアルバテル』やアバノのピエトロ作とされる『ヘプタメロン』なども『オカルト哲学』人気にあやかって出版された本だった。

中世から人気の高い魔術書といえば『**ソロモン王の鍵**』が有名だが、ルネサンス時代にはそれを前提にした魔術書も数多く作られた。たとえば、『レメゲトン』または名を『**ソロモン王の小さな鍵**』という魔術書がそうだ。この本にはソロモン王の72悪魔と通称される主要な悪霊のリストとそれに命令するための呪文が載せられていた。『ホノリウス教皇の魔道書』、『大奥義書』、『真正奥義書』なども『ソロモン王の鍵』系列の魔術書として有名である。

魔術書が流行したルネサンス期

> ルネサンス期
> 古代魔術思想の流行。

↓

魔術活動が活発になる。

> 15世紀にはグーテンベルクの印刷機も発明された。

民間において召喚魔術を行う魔術師が増大。

↓

魔術書の需要が増え、大量の魔術書が出版される。

↓

> 魔術書が大流行する。

ルネサンス期に出た有名な魔術書

ルネサンス期には有名な魔術書が数々著された。

題名	概要
オカルト哲学 第4の書	『オカルト哲学』の続編という名目の魔術書。
ヘプタメロン	アバノのピエトロ作とされた魔術書。
魔術のアルバテル	オリンピアの霊について書かれた魔術書。
ソロモン王の小さな鍵	ソロモン王が使役した72悪魔の詳しい解説がある。
小アルベール	栄光の手の作り方が載せられた魔術書。
ホノリウス教皇の魔道書	13世紀のローマ教皇の名がつけられた魔術書。
大奥義書	一般大衆への影響が大きかった魔術書。
黒い雌鳥	トレジャーハンターに人気のあった魔術書。
真正奥義書	エジプト人アリベクが書いたという黒魔術の書。
モーセ第6・第7書	英雄モーセが書いたというドイツで人気の魔術書。

関連項目
- 新プラトン主義→No.013
- アグリッパ→No.073
- 『オカルト哲学』→No.074
- 自然魔術→No.031
- 『ソロモン王の鍵』→No.041
- 『ソロモン王の小さな鍵』→No.080

No.080
魔術書『ソロモン王の小さな鍵』

地獄の悪魔王国に君臨する72悪魔を紹介した『ソロモン王の小さな鍵』は、ルネサンス時代に流行した魔術書の中でもとくに有名なものである。

●ソロモン王によって書かれたとされる第2の魔術書

　またの名を『レメゲトン』ともいう『ソロモン王の小さな鍵』は『**ソロモン王の鍵**』と同じくソロモン王によって書かれたとされる魔術書である。17世紀のフランスで成立した。

　この本の最大の特徴は、「ゲーティア」と題された第1章にある。ソロモン王は悪魔を使役したという伝説があるが、その中でも最も上級の役職を持つ72の霊はソロモン王の72悪魔と通称される。「ゲーティア」には、このソロモン王の72悪魔について、悪魔の召喚に必要な魔法円、ペンタグラムとヘキサグラム、呪文などのほか、72悪魔の地位、印章、身体的特徴などが詳しく紹介されているのだ。

　しかし、『ソロモン王の小さな鍵』の内容はそれだけでなく、第1章「ゲーティア」に続く第2章は基本方位の霊、第3章は昼と夜の時間の天使および黄道十二宮の天使、第4章はそのほかの天の四つ高みの席にいる霊など、第5章はソロモン王の祈りの言葉を扱っている。

　これらの5部はもともと独立したものであり、『レメゲトン』が作られるより前から存在していたらしい。たとえば第5章の「名高き術」などはすでに14世紀には存在していたといわれている。

　また、地獄の悪魔王国の詳しい組織を紹介する「ゲーティア」に類した本もすでに16世紀には存在していたようだ。ルネサンス時代のオランダ人医師ヨーハン・ヴァイヤー（1515年～1588年）の『悪魔の偽王国』（1577年）は多数の軍団を配下に置く69の重要な悪魔たちを解説しているが、その内容は「ゲーティア」と非常に類似しているからだ。しかも、ヴァイヤーはある資料を見てこれを書いたといっているので、それが元祖「ゲーティア」だった可能性もある。

『ソロモン王の小さな鍵』とは何か？

『ソロモン王の小さな鍵』 ➡
- 別名『レメゲトン』。
- 17世紀フランスで成立した魔術書。
- ソロモン王が使役した72悪魔の詳しい説明がある。

『ソロモン王の小さな鍵』の内容

『ソロモン王の小さな鍵』は5部構成で、中でも、ソロモン王の72悪魔が詳しく紹介されている第1章の「ゲーティア」がとくに有名である。

第1章　ゲーティア

ソロモン王の72悪魔について、悪魔の召喚に必要な魔法円、ペンタグラムとヘキサグラム、呪文などのほか、72悪魔の地位、印章、身体的特徴などが詳しく紹介されている。

たとえば…

悪魔バエルの解説（概略）

東を治める王で、66軍団の長。人を透明にする力がある。猫、ヒキガエル、人の姿で出現するが、一度にこれら三つの姿を取ることもある。

第2章　アルス・テウルギア・ゲーティア
基本方位の霊や地獄の霊など善でも悪でもある霊を操る魔術が説明されている。

第3章　聖パウロの術（アルス・パウリナ）
昼と夜の時間の天使および黄道十二宮の天使を操る魔術が説明されている。

第4章　アルマデルの術（アルス・アルマデル）
天の四つ高みの席にいる霊などを操る魔術が説明されている。

第5章　名高き術（アルス・ノートリア）
ソロモン王が実際に使っていたという祈りの言葉が集められている。

関連項目
- 『ソロモン王の鍵』→No.041

No.081 ジロラモ・カルダノの観額術

16世紀にジロラモ・カルダノによって考案された観額術は額のしわの位置や形と占星術を組み合わせることで、人の性格や運勢を占う魔術である。

●額のしわと占星術を組み合わせた占い

　観額術は額(ひたい)のしわで人の性格や運勢を占う魔術で、16世紀にジロラモ・カルダノによって考案されたといわれている。**占星術**によれば、身体の各部分は星の影響を受けているが、額は人体の中で最も星に近い部分なので、運勢を占うために大いに役立つのだという。そこで、カルダノは数百という額を調査し、額のしわと空の星の影響関係を見出した。それによると、額は水平線によって等間隔の七つの区域に分けられる。そして、高い位置から順に、土星、木星、火星、太陽、金星、水星、月が割り当てられる。これらの惑星帯のどこにしわがあるかで、星の影響が決まってくる。たとえば、木星帯にあるしわには木星の性格である優雅、高貴、誇りなどが与えられる。しわが二つの領域にまたがっている場合は、その二つの惑星が合(ごう)の状態にあることを意味し、二つの惑星の性格が互いに影響し合い、強化されることになる。しわの特徴にも意味がある。長い直線はどの惑星内にあっても正義と魂の純真さを示している。波打ったり、筋が入ったり、途切れたりすればその性格が変化する。また、縦のしわと横のしわがどのような角度で交差するかによっても意味が異なるし、額のしわを顔のシミやほくろと組み合わせると、さらに細かな分類ができるという。

　いくつか例を挙げておこう。額の上の方に3本のしわのある男子の場合は、温和で物静かな性格を表すという。この人物は農場を所有し、成功を収める可能性があるが、運命は不安定で、頭をケガする危険がある。額の下の方に3本のしわがある場合、その男性は怒りっぽく、人を殺すかもしれない。3本のしわがもっと離れている場合は、聖職者の義務と幸運、善良な知性を表している。左の眉毛に届く短い斜線のしわは惨死を意味し、まっすぐで一端が曲がっているしわは病弱や苦悩を意味するという。

観額術とは何か？

| 観額術 | ・額のしわで判断する運勢占い。
・16世紀にジロラモ・カルダノが発見。 |

額で観て取る星の影響

観額術によれば、額は水平線によって等間隔の七つの区域に分けられる。そして、高い位置から順に、土星、木星、火星、太陽、金星、水星、月が割り当てられる。これらの惑星帯のどこにしわがあるかで、星の影響が決まってくるという。

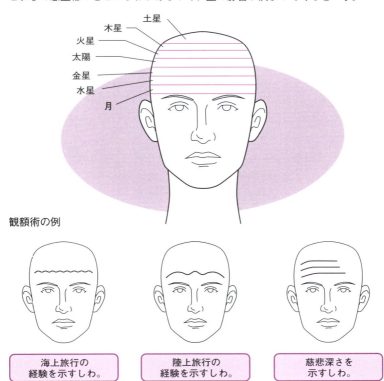

観額術の例

| 海上旅行の経験を示すしわ。 | 陸上旅行の経験を示すしわ。 | 慈悲深さを示すしわ。 |

関連項目

●占星術→No.018／No.049

No.082
人相術の進歩

ルネサンス時代には、顔の形、髪、額、耳、目、眉、鼻、口、歯などの特徴や表情によって人の性格や運勢を判断する人相術も大いに進歩した。

●人によって食い違う人相術の見立て

　人相術は顔の形、髪、額、耳、目、眉、鼻、口、歯などの特徴や表情によって人の性格や運勢を判断する占いで、ルネサンス時代に大いに発展した。この時代、バルトロメオ・コクレ『人相術大要』（1533年）、インダギネのヨハネ**『手相術』**（1549年）、ミシェル・レスコ『人相術』（1540年）、ヴェルソン・ド・ラ・コロンビエール『愛と幸運の好事家の館』（1698年）など、人相術を取り上げた本も多く出版された。

　人相術の見立ては曖昧で、語る人によって食い違いがあるが、ここで一例としてインダギネのヨハネの語るところを紹介しよう。

　ヨハネによれば、よい形の歯並みは素直な性格と正直を表すという。鋭い歯が隙間なくあるのは、健康と長寿を表している。

　口が開いていて、唇が厚いのは詐欺師、嘘つき、放蕩者によく見られる特徴で、恥知らずな性格を表している。

　鼻がある形に湾曲している場合は、その人が短気で傍若無人で乱暴なことを表している。しし鼻あるいは顎（あご）がとがった人は、将来身体に障害が現われることを示している。極端に曲がった鼻を持つ人は他人を嘲笑することが多い。大きな鼻の人は度量があり、勇敢かつ善良である。

　毛深いうえに、毛髪が粗く乾いている人は癇癪（かんしゃく）持ちである。やわらかく滑らかな毛髪は温和でおとなしい性格を表している。

　目については、大きく見開いていて明るく輝いているのが最も健全であり、誠実と健全を表しているという。逆に、落ち窪んだ小さい目は、どろどろした陰湿な性格のしるしになるという。

　耳は大きなものはロバの耳であり、無知と愚かさを表している。また、小さいサルのような耳は移り気で欺瞞（ぎまん）的な性質を表しているという。

人相術とは何か？

人相術 → ・顔の形、髪、額、耳、目、眉、鼻、口、歯などの特徴や表情によって人の性格や運勢を判断する占い。
・ルネサンス時代に大発展した。

ルネサンス時代の人相術の本

- バルトロメオ・コクレ著『人相術大要』（1533年）
- インダギネのヨハネ著『手相術』（1549年）
- ミシェル・レスコ著『人相術』（1540年）
- ヴェルソン・ド・ラ・コロンビエール著『愛と幸運の好事家の館』（1698年）

インダギネのヨハネによる人相術の例

インダギネのヨハネは多数の顔とその性格を紹介している。下はその一例である。

左：尊大な女子の鼻。
右：度量のある男子の鼻。

左：大胆な男子の顎。
右：無気力な男子の顎。

関連項目

- 『手相術』→ No.083

No.083
手相術の流行

手相術は東洋から西洋にもたらされたといわれるが、ルネサンス期には占星術と結びつき、科学的なものとして大いに流行した。

●手のひらの線と惑星丘の関係で占う

　手相術は手の表面にある線や文様によって人の性格や運勢を判断する占いである。起源ははっきりしないが、中国やインドで紀元前3000年頃に起こり、古代ギリシア・ローマに広がったのではないかといわれることが多い。中世ヨーロッパでは村のワイズウーマン（**魔女**）やジプシーの女性が職業的に手相を見て占っていた。その後、手相術は**占星術**と結びついて複雑で科学的な装いを持つものになり、ルネサンスの時代に大いに流行した。当時の手相術を扱った本としてはインダギネのヨハネの『手相術』（1549年）がとくに有名だが、現存する最古の本は1400年頃に書かれた『スンマ・カイロマンティア（手相術概論）』だといわれている。

　占いの方法は現在の西洋手相術とそれほど違ってはいないが、ルネサンス時代の手相術師は手のひらに5本の主要な線を見つけていた。手のひら線（感情線）、中央線（職業線）、生命線、肝臓線（健康線）、土星線（運命線）である。もちろん、これらの線は人によって長さも湾曲も深さもまちまちで、どれかが欠落していることもある。さらに、占星術との関連で、手のひらには惑星が配分されている。人差し指は木星、中指は土星、薬指は太陽、小指は水星、親指は金星である。また、中央部分は火星、親指と反対の部分は月である。指の付け根には隆起した部分があるが、そこは「丘」と呼ばれる。つまり、木星丘、土星丘、太陽丘、水星丘、金星丘である。

　これらを重要な基本理解としたうえで、手相術師は手のひらにある無数の線と惑星丘の関係を読み取り、人の運勢を占うのである。しかし、現在の手相占いと違ってルネサンス時代の手相術師は、ある人物が人に殺されて死ぬだろうというような悲観的な予想を平気で語った。そのために、逆に恨みを買い、占った相手に殺されてしまう手相術師も多かった。

西洋手相術とは何か？

手相術 → ・手の表面にある線や文様で判断する占い。
・古代からあるが、ルネサンス期に大流行。

西洋手相術の歴史

紀元前3000年	中国・インドで生まれる。古代ギリシア・ローマに広まる。
中世	手相術を職業にした村のワイズウーマン（魔女）やジプシーの女性が活躍。
1400年頃	現存する最古の本『スンマ・カイロマンティア（手相術概論）』が書かれる。
15～16世紀	ルネサンス期に大流行する。

西洋手相術の基本

ルネサンス期の西洋手相術は手のひらの5本の線や惑星と対応した隆起などを基に占った。

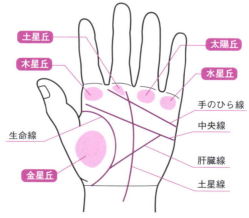

関連項目

●魔女→No.032／No.034　　　●占星術→No.018／No.049

No.084 棒占いでの鉱脈探し

棒占いは小さい棒を使って鉱脈や水脈のありかを見つける占いで、16世紀のドイツの鉱山では当たり前のようにして棒占いが行われていた。

●何を探すのにも応用できた棒占い

　棒占い（ダウジング）は小さい棒を使って鉱脈や水脈のありかを見つけるための占いの方法である。二股に枝分かれした棒を用意し、二股になった方を両手で持ち、棒を前方に向ける。その状態で探索したい土地の上をゆっくり歩く。すると、どこかで不意に棒が回り始める。その場所の地面を掘ると地下水や鉱床が見つかるというのである。こうやって鉱脈を見つけるやり方が、16世紀のドイツでは普通の光景だったという。1571年にバーゼルで刊行された**ゲオルク・アグリコラ**の『鉱山書』の中にも棒占いによって鉱脈を探している人物を描いた挿絵が載せられている。

　17世紀になると、棒占いはフランスでも受け入れられた。17世紀末、フランス南東部のドーフィネ地方に住むジャック・エイマールという農民が棒占いで評判になった。彼は地下水、鉱脈、財宝を発見しただけでなく、盗人や殺人犯の追跡まで行った。リヨンの警察が彼の評判を聞きつけ、ある殺人事件の犯人逮捕に協力してくれるよう依頼した。警察が彼を殺人事件のあった地下室に連れていくと、彼の棒がちょうど死体のあった2か所でくるりと動いた。それから彼は棒占いを頼りに、殺人犯の通った道を追跡した。彼は司教館の中庭に入ったり、ローヌ川の橋を渡ったり、あちこち歩き回った。ある家の中では犯人がさわった瓶を見つけた。そして、ボケールの監獄の前まで来ると、占い棒が回った。そこに一人の男がいたので警察が尋問すると、その男は問題の殺人事件の犯人の一人で、仲間の2人はすでに国外に逃亡したことを白状したのである。

　このように棒占いは何にでも応用できた。使う人の目的によって、どんな物質にも、また徳や悪徳のようなものにも反応するように見えた。それで、多くの人々がそこに悪魔の影響を見出したという。

棒占いの基本

棒占い ➡ ・棒を使って鉱脈・水脈などを見つける占い。
・16世紀のドイツの鉱山などでよく行われた。

ドイツの鉱山で棒占いで鉱脈を探す風景。

棒占いで鉱脈を探す人。

棒占いの方法

棒占いにはいろいろな方法があった。
①は二股の棒を使う方法、②は棒を手に載せる方法、③は棒を左右の人差し指で支える方法である。棒にはハシバミの若木を用いる。どの場合も鉱脈などがあると棒が回るという。

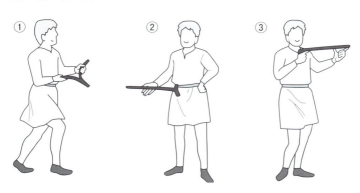

用語解説

● ゲオルク・アグリコラ→鉱山学の父として知られるドイツの鉱山学者（1494年〜1555年）。

No.085
タロット・カード

タロット・カードの起源ははっきりしないが、それにまつわる神秘的な伝説や解釈は近代になってから作られたものだった。

●ヘルメス思想を要約するタロット

　タロットはトランプの先祖にあたる神秘的なカードの一式で、占い道具として有名だが、起源ははっきりしていない。近代のオカルト主義者はタロットの起源は古代エジプトにあり、ジプシーによってヨーロッパにもたらされたと信じている。現存する最古のタロット・カードは15世紀のものなので、その時代には存在していたが、当初は単にゲームとして使われることが多かった。その後、タロットは占いの道具となり、オカルト的、キリスト教的、ジプシー的、心理学的な様々な象徴主義と結びつき、占い師による様々な解釈が可能なものとなった。近代の黄金の夜明け団系統の魔術師もタロットを研究し、アーサー・エドワード・ウェイトはその成果を『タロット図解』として公開している。

　近代以降のタロット・カードに描かれた絵柄には様々なタイプがあるが、基本構成は同じで、22枚の大秘法（アルカナ・マグナ）カードと56枚の小秘法（アルカナ・ミノル）カードで構成されている。近代のオカルト的な解釈では、これらのカードの中に**錬金術**、**占星術**、**カバラ**、魔術、**数秘術**などの秘密の知恵が隠されているという。とくに重要なのは愚者、女教皇、女帝、皇帝、教皇、恋人などで象徴されている大秘法カードである。これらのカードは4大元素、7惑星（7金属）、12星座、ヘブライ語の22アルファベット、カバラの**生命の木**（セフィロト）の22の枝、数秘術的な数字のシンボルなどと照応している。そして、大秘法カード22枚をある順序で並べると、**ヘルメス主義**的な世界創造のプロセスをそっくり手に入れることができるようになっているという。また、ワンド（杖）、カップ（杯）、ソード（剣）、ペンタクル（金貨）の4組からなる小秘法カードも4大元素や12星座と結びつくものと考えられている。

タロット・カードとは何か？

タロット・カード ・神秘的なカード一式を使う占い。
・大秘法カード22枚と小秘法カード56枚の構成。

タロット・カードの構成

大秘法カード22枚

小秘法カード56枚

セフィロト（生命の木）の22枝と大秘法カードの対応

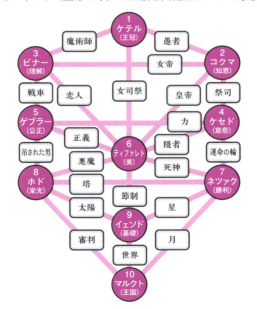

関連項目
- 錬金術→No.045／No.046
- 占星術→No.018／No.049
- カバラ→No.042
- 数秘術→No.009
- 生命の木→No.043
- ヘルメス主義→No.014

No.086
薔薇十字団の流行

科学革命が起こっていた17世紀ヨーロッパで、錬金術による世界変革を目指す秘密結社「薔薇十字団」の精神運動が爆発的に流行した。

●後代の秘密結社にも多大な影響を与えた謎の団体

　薔薇十字団は錬金術的方法で世界の完成を目指し、17世紀のヨーロッパで爆発的に流行した秘密結社である。当時、多くの人々が薔薇十字団の思想に共鳴し、自分もまた団に加わりたいと表明した。しかし、誰もどこに薔薇十字団があるのか、誰が薔薇十字団員なのかまったく知らなかった。あくまでも、都市伝説的な、噂のレベルで大流行した団体である。

　伝説によれば、1378年にドイツで生まれたクリスチャン・ローゼンクロイツによって設立されたといわれている。

　薔薇十字団の存在が明らかになり、人々の注目を集めたのは、17世紀初頭にドイツで薔薇十字団に関する一連の文書が発表されたときだった。その文書とは、1614年刊行の『全世界の普遍的改革』とその付録である『薔薇十字団の伝説』、1615年の『薔薇十字団の告白』、1616年の錬金術的寓意小説『化学の結婚』（ヴァレンティン・アンドレーエ著）だった。

　薔薇十字団は**カバラ**や**パラケルスス**の影響を受け、世界について「完全にして普遍的な知識」を得ようとした。彼らの考えでは、神は**錬金術**によって天地を創造したので、錬金術を究めることは宇宙の神秘を究めること、「完全にして普遍的な知識」を得ることだった。それで、薔薇十字団の錬金術は**黄金変成**よりも、人間の精神的な完成を重視した。そして、錬金術による人間の変革を世界にまで広げ、世界の普遍的な変革を目指した。

　このように世界の啓蒙と変革を目指す秘密結社という発想は、その後誕生した**フリーメーソン**に影響を与えた。フリーメーソンはその位階の一つに「薔薇十字団」があるだけでなく、その内部に薔薇十字を名乗る団体が数多く結成された。また、薔薇十字団は近代魔術集団の代表格である**黄金の夜明け団**にも影響を与えた。

薔薇十字団とは何か？

薔薇十字団
- 17世紀ヨーロッパで大流行した秘密結社。
- 実体のない都市伝説的な結社だった。

薔薇十字団の展開

設立	伝説では、1378年生まれのクリスチャン・ローゼンクロイツによって設立されたという。
基本文書	17世紀初頭、ドイツで薔薇十字団に関する以下の4文書が発表され、薔薇十字団の存在が明らかになった。『全世界の普遍的改革』とその付録『薔薇十字団の伝説』、『薔薇十字団の告白』、『化学の結婚』
大流行	当時の多くの人々が薔薇十字団の思想に共鳴し、自分もまた団に加わりたいと表明した。

薔薇十字団の目的

- 錬金術による人間の完成
- 世界の変革と完成
- 世界の普遍的知識の探求

薔薇十字団の影響

薔薇十字団は近代の魔術的な結社に多大な影響を与えた。

- フリーメーソン
- 黄金の夜明け団

関連項目
- カバラ→No.042
- パラケルスス→No.075
- 錬金術→No.045／No.046
- 黄金変成→No.047
- フリーメーソン→No.088
- 黄金の夜明け団→No.096

No.087
クリスチャン・ローゼンクロイツの伝説

薔薇十字団を創設したとされる伝説上の錬金術師は死後120年経っても、その遺体が腐らずに、地下埋葬所に安置されていた。

●アラビアで魔術を学び薔薇十字団を創設する

　クリスチャン・ローゼンクロイツは**薔薇十字団**を創設したとされる伝説上の錬金術師である。薔薇十字団（ローゼンクロイツァー）という名前自体が、ローゼンクロイツ（ローゼン＝薔薇、クロイツ＝十字）の団という意味を持っている。

　ローゼンクロイツの生涯は、17世紀初頭に出版された薔薇十字団の基本文書『薔薇十字団の伝説』『化学の結婚』で語られている。

　それらの資料によると、ローゼンクロイツは1378年、ドイツのブロッケン山近くの没落貴族の家に生まれた。5歳の時、修道院に入り、ギリシア語やドイツ語を学んだ。16歳でエルサレム巡礼の旅に出たが、その途中、アラビアの賢者たちが様々な奇跡を行うという話を聞き、興味を持った。彼はまずイエメンのダムカルを訪れた。ダムカルの賢者たちは、長い間待ち望んでいた人が来たといい、ローゼンクロイツを手厚く歓迎したという。この地で彼は3年間かけてアラビア語、物理、数学などを学んだ。その後モロッコのフェズを訪れ、2年の間、賢者たちから秘密の知識を学んだ。

　こうして多くの知識を得たローゼンクロイツはドイツに帰国後、7人の同志とともに聖霊の家を建て、教団を結成した。その目的は、西欧キリスト教と錬金術・魔術から生まれた普遍的原理による世界の変革だった。

　その後、ローゼンクロイツは死んでしまうが、1606年のある日、第3世代の教団員が聖霊の家を改修中、「わたしは120年後に発見されるだろう」と書かれた隠し扉を発見した。そこは地下埋葬所で、ローゼンクロイツの遺体が無傷のままに安置されていたのである。このため、彼は1486年、106歳で死んだとされている。また、そこには羊皮紙の巻物もあり、彼が天界と人間界の秘術を究めたことなどが記されていたという。

クリスチャン・ローゼンクロイツとは？

クリスチャン・ローゼンクロイツ → ・薔薇十字団を創設した伝説の錬金術師。
・名の意味は、ローゼン＝薔薇、クロイツ＝十字。

クリスチャン・ローゼンクロイツの伝説の生涯

| 誕生 | **1378年**、ドイツの没落貴族の家に生まれる。 |

| 少年期 | 5歳で修道院入り。ギリシア語やドイツ語を学ぶ。 |

| アラビア留学 | 16歳で**エルサレム巡礼の旅**に出る。旅の途中、賢者の噂を聞き、アラビアへ向かう。イエメンのダムカルで3年間、アラビア語、物理、数学などを学ぶ。モロッコのフェズで2年間、**賢者の秘密の知識**を学ぶ。 |

| 薔薇十字団の結成 | 帰国後、7人の同志とともに聖霊の家を建て、教団を結成。目的：西欧キリスト教と錬金術・魔術から生まれた普遍的原理による世界の変革。 |

| 死去 | いつ死んだか、どこに埋葬されたかは**秘密**にされた。 |

| 墓所の発見 | 第3世代の教団員により、**精霊の家に地下埋葬所が発見される**。隠し扉に「**わたしは120年後に発見されるだろう**」という言葉があり、1486年、106歳で死んだことがわかった。 |

| ローゼンクロイツの業績 | 埋葬所に保管された巻物によって、**偉大な業績**がわかった。天界と人間界の秘術を究める。世界の縮小模型を作り、過去・現在・未来すべての出来事を要約する。 |

関連項目
●薔薇十字団→No.086

No.088
フリーメーソン

フリーメーソンは合理主義と啓蒙主義の時代に逆らうように、薔薇十字団の錬金術的思想を受け継いで生まれた世界的友愛結社だった。

●薔薇十字思想の流れを汲む博愛結社

　17世紀後半から18世紀にかけ、ヨーロッパに啓蒙主義の嵐が吹き荒れた。啓蒙主義は自然科学的方法を重視し、魔術や迷信を打破しようとする運動である。しかし、ヨーロッパ人の中には理性と合理主義の精神に飽き足らず、**新プラトン主義**のような魔術的世界観に愛着を持つ者も多かった。こうした人々を結集する形で生まれた秘密結社がフリーメーソンだった。

　フリーメーソンの起源については諸説ある。フリーメーソンは「自由な石工」の意味だが、中世に大教会や宮殿の建築を担当した石工たちのギルドから派生したという見方がある。中世が終わり、大建築の機会が減ると職業的石工のギルド自体が危機に瀕した。こうした状況下で、**薔薇十字団**的思想およびそれを支持する人々が流入し、新しいフリーメーソンが誕生した。つまり、**錬金術**や薔薇十字団と同じように、人間と社会の完成という目標がフリーメーソンに持ち込まれたのだという。

　フリーメーソン内にある伝説では、開祖はソロモン神殿を建てたフェニキア人頭領ヒラム・アビフとされている。

　公式には近代フリーメーソンの発祥は1717年6月24日、聖ヨハネの祝日に、当時ロンドンにあった四つのロッジ（支部）が統合され、ロンドン・グランド・ロッジが設立されたときとされている。したがって、それ以前にも、旧フリーメーソンというべきものがあったことは確からしい。

　近代フリーメーソンは当初は徒弟、職人、親方の3段階の位階を持っていたが、位階の数は増え続け、現在のスコッチ儀礼には33段階ある。

　フリーメーソンの影響力はそのメンバーの名前を見れば想像できる。歴代メンバーにはジョージ・ワシントンやベンジャミン・フランクリン、**サン・ジェルマン伯爵**、**カリオストロ伯爵**、**エリファス・レヴィ**などがいた。

フリーメーソンとは何か？

フリーメーソン ➡ ・18世紀生まれの博愛結社。
・自由・平等・博愛の精神で有名。

影響力 ➡ 自由・平等・博愛の精神はフランス革命やアメリカの独立に影響を与える。

歴代メンバー ➡ ジョージ・ワシントン　ベンジャミン・フランクリン
サン・ジェルマン伯爵　カリオストロ伯爵
エリファス・レヴィ　など。

フリーメーソンと魔術思想

中世の石工ギルド

中世が終わると大建築が少なくなり、危機に瀕した。

⬇

旧フリーメーソン？　←　反啓蒙主義、反合理主義の神秘主義者

薔薇十字団的錬金術思想

⬇

近代フリーメーソン

1717年、ロンドンで成立。

⬇

目的は？ ➡ 目に見えない天上の建築の完成、つまり、人間と社会の完成を目指した。

関連項目
●新プラトン主義→No.013
●薔薇十字団→No.086
●錬金術→No.045／No.046
●サン・ジェルマン伯爵→No.089
●カリオストロ伯爵→No.090
●エリファス・レヴィ→No.092

No.089 驚異の魔術師サン・ジェルマン伯爵

啓蒙主義の嵐が吹き荒れたにもかかわらず、18世紀ヨーロッパでは多くの放浪の魔術師が活躍した。その代表格がサン・ジェルマン伯爵だった。

●神秘を愛する人々に愛された放浪の魔術師

　18世紀ヨーロッパは啓蒙主義や合理主義が台頭した時代で、魔術は詐欺的なものと見なされつつあった。しかし、相変わらず**魔女**裁判も行われており、民衆の多くは昔ながらの神秘的なことを愛していた。それで、そんなだまされやすい人々に近づいては大金をせしめる放浪の魔術師が大活躍した。サン・ジェルマン伯爵はそんな魔術師の代表格である。彼はフランスを中心に活躍し、ヨーロッパの人々から「驚異の男」と呼ばれた。

　伝説によれば、彼はもともとプロシアの宮廷に仕えていたが、当時のプロシア王フリードリッヒ2世は彼のことを「死ねない男」と呼んだという。

　1758年に突然パリに現われ、フランス社交界で人気者になった。サン・ジェルマン伯爵が女性を若返らせる「生命の水」を持っていると噂になったからだ。ルイ15世の愛人ポンパドール夫人も「生命の水」を信じた一人だった。サン・ジェルマン伯爵自身も「わたしは4000歳だ。**賢者の石**を液化した生命の水で長寿を得ているのだ」と公言してはばからなかった。そして、**ソロモン王**を訪れたシバの女王を自分の目で見たなどと主張した。

　さらにサン・ジェルマン伯爵は世界中の言語をしゃべることができ、**錬金術**の奥義を究めていると自称した。政治的活動も盛んに行った。ドイツで**フリーメーソン**のロッジを設立し、**カリオストロ伯爵**を入会させた。1762年にはロシアのサンクトペテルブルグでエカテリナ2世を即位させる陰謀にも加担したという。

　サン・ジェルマン伯爵のいったことがすべて本当なら、彼は不死であり、死ぬはずはないのだが、一説によれば1784年にドイツで死んだという。しかし、革命後の1789年にパリに姿を現したとか、その後も彼を目撃したという証言は跡を絶たなかった。

サン・ジェルマン伯爵のプロフィール

サン・ジェルマン伯爵 ➡ 18世紀フランスで活躍した放浪の魔術師。

サン・ジェルマンの怪しい行動と噂

プロシア宮廷に仕える	プロシア王フリードリッヒ2世は彼のことを**「死ねない男」**と呼んだという。
パリで人気を得る	1758年に突然パリに現われ、**信じられないようなことを主張**しフランス社交界で人気者になる。

サン・ジェルマンの怪しい主張
- 賢者の石・生命の水で自分は4000歳である。
- 古代バビロンの宮廷に出入りした。
- シバの女王と会見した。
- いくつかの小さなダイヤモンドを集め、大きなダイヤモンドにできる。
- 石ころをダイヤモンドに変えられる。

政治活動	ドイツで**フリーメーソン**のロッジを設立、カリオストロ伯爵を入会させる。 1762年、ロシアでエカテリナ2世を即位させる**陰謀に加担**する。
死去	一説によれば**1784年にドイツで死去**。
死後の噂	革命後の1789年にパリに姿を現したとか、その後も**彼を目撃したという証言は跡を絶たなかった**。

関連項目
- 魔女→No.034
- 賢者の石→No.047
- ソロモン王→No.039
- 錬金術→No.045／No.046
- フリーメーソン→No.088
- カリオストロ伯爵→No.090

No.090 怪しすぎる魔術師カリオストロ伯爵

放浪の魔術師カリオストロ伯爵は神秘学の知識を活かし、18世紀ヨーロッパで民衆に絶大な人気を誇ったが、最後は監獄の中で死んだ。

●神秘学の知識で人々を欺いた詐欺的魔術師

　カリオストロ伯爵は、**サン・ジェルマン伯爵**と同じように、18世紀のヨーロッパで活躍した放浪の魔術師である。伯爵というのは詐称で、本名はジュゼッペ・バルサモ、シチリア島の貧しい家庭の生まれだった。一説によるとサン・ジェルマン伯爵の弟子だったという。

　若い頃に地中海やオリエントを旅して回り、秘教の奥義を身につけたという伝説がある。その後、ナポリでロレンツァ・フェリシアニと結婚、1776年にはロンドンで**フリーメーソン**の会員となった。この頃から、カリオストロ伯爵を名乗るようになった。また、ロンドン滞在中にカリオストロ伯爵は、エジプト的儀礼や象徴体系を記した古文書を発見し、この文書に基づいたエジプト的儀礼をフリーメーソンに復活させたという。

　その後も、カリオストロ伯爵は魔術、**錬金術**、**降霊術**の実演や不老不死の薬エリクシルの販売などをしながらヨーロッパを放浪した。人気が高くなると金持ちに近づき、いろいろな詐欺を働いた。わけのわからない美顔水や若返りの薬を販売したり、錬金術で小粒の宝石を大粒の宝石に変えられるといって、金持ちから宝石を巻き上げた。

　ときにはインチキを暴かれることもあった。1780年、彼はワルシャワで錬金術の公開実験を行ったが、それを見ていたある化学者が指摘した。カリオストロはいつも石工のような大きな前掛けをしていたが、その下に第2の坩堝(るつぼ)が隠してあると。こうして、カリオストロの**黄金変成**は失敗した。

　1785年、有名なマリー・アントワネットの首飾り事件の一味としてバスチーユ監獄に投獄された。1年後、無罪釈放となったが、今度はフリーメーソンの団員であることが露見してローマの異端審問所に逮捕され、1795年にサン・レオ監獄で死んだ。

カリオストロ伯爵のプロフィール

カリオストロ伯爵 ・18世紀フランスで活躍した詐欺的魔術師。
・サン・ジェルマン伯爵の弟子という説も。

カリオストロ伯爵の足跡

誕生	シチリアの貧しい家庭に生まれる。
放浪	・18歳で故郷を逃げ出す。 ・地中海・オリエントを旅して、**秘教の奥義を身につける**。 ・この時代にサン・ジェルマン伯爵と出会ったという。
結婚	ナポリでロレンツァ・フェリシアニと結婚。
フリーメーソン入会	1776年、ロンドンで**フリーメーソン会員**になる。
魔術師として活躍	・魔術、錬金術、降霊術の実演や不老不死の薬エリクシルの販売などをしながらヨーロッパを放浪。 ・金持ちたちを**だまして、大金を得る**。 ストラスブール　奇跡医として活動。 ワルシャワ　錬金術を見世物にする。
逮捕	**マリー・アントワネットの首飾り事件**に関与した疑いでバスチーユ監獄に**投獄される**。1年後、釈放される。
再逮捕	**フリーメーソンであることが露見**してローマの異端審問所に逮捕される。
死去	1795年にサン・レオ**監獄で死去**。

関連項目
- サン・ジェルマン伯爵→No.089
- フリーメーソン→No.088
- 錬金術→No.045／No.046
- 降霊術→No.021
- 黄金変成→No.047

No.091 メスメルと動物磁気

メスメルはいかにも神秘的な「動物磁気」を操って多くの患者の治療に成功し、当時の人々に、自然の隠された力に対する興味をかき立てた。

●魔術師として告発された催眠術の祖

　ドイツ生まれのフランツ・アントン・メスメル（1734年〜1815年）は「動物磁気」という怪しいパワーを操り、数多くの患者の治療をした医師である。だが、ほかの医師からは**カリオストロ伯爵**のような詐欺的魔術を行っていると非難された。事実は、メスメルは催眠術によって多くの患者を治していたのだが、その時代はまだ催眠（ヒプノティズム）という言葉自体が存在せず、メスメル自身までが自分のやっていることを誤解していたのだ。

　メスメルの理論によれば、宇宙には「宇宙流体」という眼に見えない物質が遍在しており、あらゆる物質の中に染み込んで流れている。一方、人体には「動物磁気」が存在している。この動物磁気のバランスが取れていれば、人体内を宇宙流体がスムーズに流れ、人は健康になるというのである。こうして、メスメルは動物磁気の理論に基づく、当時から「メスメリズム」と呼ばれた独自の治療法を打ち立てた。

　メスメルは高級ホテルの豪華な部屋の中に四つの「バケ」（磁気桶）という治療器を用意した。バケには外側に突き出すように鉄の棒が取りつけられていた。この鉄の棒1本が患者一人に割り当てられるので、バケの周りにはその数だけ患者用の豪華な椅子も用意されていた。バケの周りに腰掛けた患者たちはバケから突き出している棒の先端をそれぞれの患部に当てた。そして、動物磁気の流れをよくするため、ほかの患者と手をつないだ。こうして、メスメルは患者たちに語りかけながら治療を行い、大勢の患者の病を癒した。

　メスメルの治療の成功は人々の間に自然の隠された力に対する興味をかき立てた。そして、心霊主義、キリスト教的科学、**エリファス・レヴィ**などの魔術師や魔術と近い分野の人々に多大な影響を与えた。

メスメルのプロフィール

フランツ・アントン・メスメル
- 18世紀のドイツの医師。
- メスメリズムという独自理論で治療した。
- 実は催眠治療の創始者だった。

メスメルの理論

人体の**動物磁気**のバランスが取れていれば、**宇宙流体**が人体内をスムーズに流れ、人は健康になる。

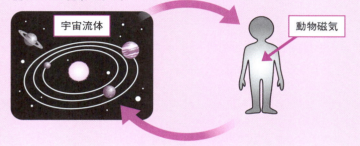

メスメリズムの治療法

患者たちは椅子に腰かけ、**バケ**から突き出た鉄の棒を患部に当てる。
この状態で、メスメルは患者に話しかけながら治療したという。

関連項目

- カリオストロ伯爵→No.090
- エリファス・レヴィ→No.092

No.092
近代高等魔術界最大の偉人エリファス・レヴィ

エリファス・レヴィは近代における高等魔術復活のキーマンであり、彼の書いた『高等魔術の教理と祭儀』に近代の魔術師たちは熱狂した。

●近代高等魔術の創始者的魔術師

　18世紀には知識層の間では魔術は衰退傾向にあったが、古代エジプト学が発展したことなどもあって、19世紀になると再び真面目な研究の対象となり始めた。この時代に登場し、近代の高等魔術の歴史に最も大きな影響を与えたのはエリファス・レヴィ（1810年～1875年）だった。

　エリファス・レヴィはパリの貧しい靴職人の息子で、本名はアルフォンス・ルイ・コンスタンスだった。幼少の頃から聖職者になるための教育を受けた。その学校の校長は「**動物磁気**」は悪魔の力だと信じるような人物で、レヴィも影響を受けた。彼は助祭にまで任命されたが、司祭になる直前に神学校から逃げ出した。その後、教師や新聞記者をしながら、魔術を学んだ。スウェーデンボルグ、ヤコブ・ベーメ、サン・マルタンなど神秘主義らの著作を読み、**カバラ**を研究し、**パラケルスス**に敬意を抱いた。

　1856年、畢生の傑作『高等魔術の教理と祭儀』を発表し、若き魔術師たちを熱狂させた。そして、その後も数々の書を世に送り出した。

　レヴィの魔術の基礎にはカバラと**タロット**があった。そこに、当時最新の「メスメリズム」と「動物磁気」の概念を追加した。動物磁気を「星の光」、つまり当時の物理学がすべてに浸透すると考えていた「エーテル」と同じものと考え、メスメル理論とアストラル（星気体）の概念を関連させた。また、動物磁気は精神的にコントロールできるというメスメルの考えから、魔術師の意志は無限の力があると確信した。そして、マクロコスモス（宇宙）とミクロコスモス（人間）をリンクさせ、ルネサンス魔術が主張したような古い**ヘルメス主義**的伝統を蘇らせた。

　レヴィは正統な高等魔術を信奉し、悪魔や死者を呼び出す黒魔術を嫌悪したが、『**ソロモン王の鍵**』は数少ない本物の魔術書の一つだと認めた。

エリファス・レヴィとは？

エリファス・レヴィ ➡ ・近代高等魔術界最大の偉人。
・名著『高等魔術の教理と祭儀』の著者。

エリファス・レヴィの足跡と思想

出自
- 1810年、貧しい靴職人の息子として、パリに生まれる。
- 神学校で学び25歳で助祭となる、司祭になる前に神学校を逃げ出す。

魔術学習
その後、教師などをしながら以下のような魔術を学んだ。

- スウェーデンボルグ
- ヤコブ・ベーメ
- サン・マルタン
- カバラ
- パラケルスス

名著発表
1856年、畢生の傑作『**高等魔術の教理と祭儀**』を発表。

魔術思想
レヴィはカバラ、タロットを基本にし、メスメリズムと動物磁気の概念を融合させ、ルネサンス魔術が主張したような**古いヘルメス主義的伝統を蘇らせた。**

- 基本：カバラ　タロット
- 追加：メスメリズム　動物磁気

▼

古いヘルメス主義的伝統の復活

関連項目
- ●動物磁気→No.091
- ●カバラ→No.042
- ●パラケルスス→No.075
- ●タロット→No.085
- ●ヘルメス主義→No.014
- ●『ソロモン王の鍵』→No.041

No.093 心霊主義が活気づけた魔術界

1848年以降、心霊主義運動が流行したことで、一般大衆は神秘的なものへの興味を膨らませ、魔術界も活気づくことになった。

●一般大衆を神秘的な世界にいざなう

19世紀に台頭した心霊主義は魔術ではないが魔術の世界に大きな影響を与えた。18世紀には民衆の中にある神秘的なものを愛する心は抑圧される傾向にあったが、心霊主義によってその流れが大きく変わった。

現代の心霊主義運動の歴史は1848年に始まる。アメリカのニューヨーク州ハイズビルに住んでいたフォックス家でラップ（騒霊）現象が発生した。娘の一人キャサリンは彼女が指を鳴らすと同じように音が応えることを発見し、交信を試みた。すると、ラップ現象を起こしているのは数年前にこの場所で殺された商人の霊だとわかった。これが有名なハイズビル事件で、すぐにも大評判となり、多くの自称霊媒師が登場し、霊との交信を見世物にするようになった。騒ぎはヨーロッパにも広まり、様々な心霊現象を見せる見世物が流行した。当時の最新機械だったカメラで霊の画像を捉えようとする試みも行われた。

一般大衆は心霊主義によって人間の霊魂が肉体的な死を超えて生き続けることが証明されたと考えた。そして、啓蒙主義や合理主義によって抑圧されていた神秘的なものへの興味を膨らませた。

心霊主義が流行したことで、**パラケルスス**、スウェーデンボルグ、**メスメル**、秘儀的キリスト教、東洋の宗教、シャーマニズムなどの神秘的思想も大いに注目されるようになった。

心霊主義は魔術ではなかったが、一般大衆の中にある魔術的なものへの興味を駆り立て、魔術が再度注目される土壌を作ることになった。

エリファス・レヴィも心霊主義に注目し、心霊主義的な諸現象を起こす力は、メスメルのいう**動物磁気**と同じようなもので、普遍的な磁気的力を発する星の光に起因すると考えた。

心霊主義の流行と魔術界

心霊主義 ➡ ・霊界は存在すると考える精神運動。
・19世紀のアメリカで興り、ヨーロッパでも流行した。

心霊主義の主張

心霊主義は以下のようなことを主張した。

・霊的世界が存在し、人間の霊は死後も生き続ける。
・輪廻転生は存在し、人間は生まれ変わる。
・霊は完成するまで向上し続け、霊界には高級〜下級な様々な霊がいる。
・現世と霊界は霊界通信のようなもので通信可能で、相互に影響し合っている。

⬇

心霊主義の流行で神秘的なものへの興味が膨らんできた。

- パラケルスス
- スウェーデンボルグ
- 東洋の宗教
- メスメリズム
- 神秘的キリスト教
- シャーマニズム

⬇

魔術が再び注目されるようになった。

関連項目
●パラケルスス→No.075
●メスメル→No.091
●エリファス・レヴィ→No.092
●動物磁気→No.091

No.094 ブラヴァツキーと神智学協会

1875年にブラヴァツキーらによって設立された神智学協会は近世の魔術結社の源流となった黄金の夜明け団のメンバーにも大きな影響を与えた。

●近世最大の神秘主義団体

　1875年にニューヨークで設立された神智学協会は近世最大の神秘主義団体で、**心霊主義**運動と同じように、魔術師たちに多大な刺激を与えたことで知られている。

　神智学協会はヘレナ・ペトロヴナ・ブラヴァツキーとヘンリー・スティール・オールコットらによって設立されたが、その中心にいたのはブラヴァツキーだった。彼女はロシア生まれで子供の頃から霊媒的能力があった。17歳でニキフォル・ブラヴァツキー将軍と結婚したが、すぐにも家を出た。以降、彼女は世界中を旅しながら、自然が宿す普遍的英知を探し求め、**薔薇十字団**と**カバラ**思想の影響を受けた。彼女はインドとチベットに関心を持ち、インドやチベットの大聖者とテレパシーで交信したと語った。1877年に彼女が書いた神智学の基本文書『ベールを剥がされたイシス』もテレパシーで書き取った文章をまとめたものである。

　神智学協会の目的は人間の中にある神秘的パワーを探求し、科学と宗教を関係づけ、17世紀の薔薇十字団の目的を達成することだった。また、東洋のオカルトと西洋のオカルトを調和させようとした。こうして、インドの諸宗教に対する一般大衆の関心が高まり、東洋の思想が西洋のオカルティズムに大量に導入されることになった。

　神智学協会は急速に発展し、1883年にはロンドン支部が設立されたが、これにのちに**黄金の夜明け団**の重要メンバーとなるウィリアム・ウィン・ウェストコットやW・B・イェイツも加入した。ブラヴァツキーの死後、協会の勢力は衰退したが、その思想はその後の神秘主義思想やニューエイジ運動にも多大な影響を与えた。シュタイナーの人智学協会も神智学協会から分離したものである。

神智学協会のプロフィール

神智学協会 ➡ ・近世最大の神秘主義団体。
・1875年にブラヴァツキー夫人らが設立。

目的

- 人間の中にある神秘的パワーを探求する。
- 科学と宗教を関係づけ、17世紀の薔薇十字団の目的を達成する。
- 東洋と西洋のオカルトを調和する。

影響

神智学思想はその後の神秘主義思想やニューエイジ運動にも多大な影響を与えた。

黄金の夜明け団

ウィリアム・ウィン・ウェストコットやW・B・イェイツが神智学協会のメンバーだった。

人智学教会

シュタイナーが神智学協会から分離して設立した

ブラヴァツキー夫人の経歴

1831年	ロシアに生まれる。子供の頃から霊媒的能力があった。
1848年	ニキフォル・ブラヴァツキー将軍と結婚するが、すぐに家を出る。
	世界中を旅しながら、自然が宿す普遍的英知を探し求める。
1873年	アメリカへわたり神秘主義思想家として活動する。
1875年	ヘンリー・スティール・オールコットらと神智学協会を設立。
1877年	神智学の基本文書『ベールを剥がされたイシス』を執筆。
1879年	インドへ渡り、神智学協会本部をインドに移す。
1884年	ロンドンへ移る。
1888年	『シークレット・ドクトリン』を執筆。
1891年	5月8日死去。

用語解説／関連項目

- **人智学教会**→神秘思想家ルドルフ・シュタイナーが1923年に設立した国際的会員組織。人智学という霊的な学に基づく実践を目指している。
- 心霊主義→No.093
- 薔薇十字団→No.086
- カバラ→No.042
- 黄金の夜明け団→No.096

No.095 ランドルフとアメリカ儀式魔術

ニューヨーク生まれのランドルフは19世紀の英国で流行していた心霊主義と神秘主義の影響を受け、アメリカにおける儀式魔術の基礎を築いた。

●性魔術と鏡を使った儀式魔術を実践

　ビバリー・ランドルフ（1825年〜1875年）はアメリカ初の**薔薇十字団体**を設立し、アメリカにおける儀式魔術の基礎を築いた魔術師である。

　ランドルフはニューヨークのスラム街で生まれ、悲惨な少年時代を送った。独学で読み書きを学び、理容店主となり、反奴隷運動にも従事し、超能力医師、心霊主義者として博士を名乗った。1850年代に英国を訪問し、**心霊主義**のグループと関係を持ち、のちに**黄金の夜明け団**と関係するブルワー＝リットンと薔薇十字団員の作家ハーグレイブ・ジェニングスとも会ったという。アメリカに戻ったランドルフは心霊主義への興味を失い、神秘主義に夢中になった。そして、アメリカ初の薔薇十字団体を設立し、魔法の鏡や自由恋愛、性行為を通じて魔術的啓示を受ける方法を実践し、宣伝した。彼の考えでは魔術的儀式に性的絶頂感を用いることで生命の神秘へと続く扉が開くのだった。また、ランドルフは自分のことを「エウリス、ピシアナ、ロシクルシアの至高の偉大なるマスター、三重の教団の教主」と称した。ランドルフは生涯を通じて水晶占いと魔法の鏡に傾倒していた。これは当時の心霊主義者や神秘主義者の間で流行していたもので、その影響を受けたのである。

　ランドルフの死後、1884年にスコットランド人ピーター・デビッドソンが、アメリカでルクソール・ヘルメス主義同胞団という神秘学グループを結成した。その思想の中心はランドルフが広めた性魔術と魔法の鏡を使った儀式の数々だった。ルクソール・ヘルメス主義同胞団の英国での代理人がウィリアム・アレクサンダー・アイトンだったが、彼が懇意にしていた人々の中に、のちに黄金の夜明け団の設立者の一人となる**マグレガー・メイザース**も存在していた。

ランドルフのプロフィール

ビバリー・ランドルフ →
- アメリカ初の薔薇十字団体の設立者。
- アメリカ儀式魔術の基礎を築いた魔術師。
- 自称「エウリス、ピシアナ、ロシクルシアの至高の偉大なるマスター、三重の教団の教主」。

わたしはエウリス、ピシアナ、ロシクルシアの至高の偉大なるマスター、三重の教団の教主である。

ランドルフの魔術

ランドルフは魔術的儀式に性的絶頂感を用いることで生命の神秘へと続く扉が開くと考えた。

- 魔法の鏡
- 水晶占い
- 性行為
- 自由恋愛

↓

生命の神秘

影響

ランドルフの死後、同じような儀式を受け継ぐ魔術団体が結成された。

ルクソール・ヘルメス主義同朋団 →
- 1884年、ピーター・デビッドソンが設立。
- ランドルフが広めた性魔術と魔法の鏡を使った儀式を行った。

関連項目
- 薔薇十字団体→No.086
- 心霊主義→No.093
- 黄金の夜明け団→No.096
- マグレガー・メイザース→No.098

No.096 黄金の夜明け団

黄金の夜明け団は儀式魔術の実践を目的に設立された19世紀初の神秘主義組織であり、分裂するまでの数年間、燦然と輝いた。

●最も大きな影響力を持った近代魔術集団

「黄金の夜明け団」は近代魔術集団の中で、最も大きな影響力を持った集団である。1888年、3人の人物によって設立された。その一人ウィリアム・ロバート・ウッドマン（1828年～1891年）は医師、**薔薇十字**会員、**フリーメーソン**、**カバラ**の信奉者だった。ウィリアム・ウィン・ウェストコット（1848年～1925年）は医師、薔薇十字会員、フリーメーソン、神智学会員だった。最後のマグレガー・メイザース（1854年～1918年）も薔薇十字会員の魔術研究家だった。教団はこれら3名の思想を強く反映していた。それはフリーメーソンや薔薇十字団の流れを汲み、ヘルメス主義、エリファス・レヴィの著作、エジプト魔術の影響などが混ざり合っていた。

団の設立にあたっては、ウェストコットがドイツの魔術結社に属するアンナ・シュプレンゲルなる女性と文通し、秘密の首領から設立の許可を得たといわれている。

設立から1890年代中頃までが団の黄金時代であり、ロンドン、ブラッドフォード、エジンバラ、パリなどに次々と神殿が設けられた。1896年までに315人が会員となった。有名人も多く、ウィリアム・バトラー・イェイツ、アルジャーノン・ブラックウッド、アーサー・マケン、ブラム・ストーカー、エドワード・ブルワー＝リットンなどの有名作家、ウェイト版タロットの製作者アーサー・エドワード・ウェイト、20世紀最大の魔術師といわれるアレイスター・クロウリーなどがいた。しかし、1900年頃から内紛が起こり、いくつもの会派に分裂してしまった。

黄金の夜明け団から分離した教団は暁の星やアルファ・オメガなど数多い。そして、黄金の夜明け団の魔術体系として知られる**アブラメリン魔術**、**エノク魔術**、独自のタロット解釈などはこれらの教団にも引き継がれた。

黄金の夜明け団の基本

黄金の夜明け団 ➡ ・近代魔術界最大の影響力を持った魔術組織。
・1888年、ロンドンで設立。

設立者

ウィリアム・ロバート・ウッドマン	医師／薔薇十字会員／フリーメーソン／カバラ信奉者。
ウィリアム・ウィン・ウェストコット	医師／薔薇十字会員／フリーメーソン／神智学会員。
マグレガー・メイザース	薔薇十字会員／魔術研究家。

団の思想

黄金の夜明け団には団の設立者3名の思想が強く反映した。

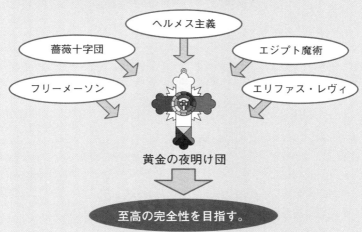

- ヘルメス主義
- 薔薇十字団
- エジプト魔術
- フリーメーソン
- エリファス・レヴィ

↓

黄金の夜明け団

⇩

至高の完全性を目指す。

用語解説／関連項目

- **アブラメリン魔術**→マグレガー・メイザースがパリのアルスナル図書館で発見し、英訳した『術士アブラメリンの聖なる魔術書』に基づく天使召喚の魔術。
- 薔薇十字→No.086
- カバラ→No.042
- フリーメーソン→No.088
- エノク魔術→No.077

No.097 黄金の夜明け団の位階制度

黄金の夜明け団はカバラの生命の木に対応した位階を持ち、会員は修行と学習を続けることで順次位階を上昇していった。

●生命の木のセフィロトに対応した位階

黄金の夜明け団の目的は、オカルト学の原理と**ヘルメス魔術**を学ぶことによって神的な至高の力と完全性に到達することである。その全体は薔薇十字団などと同じように特別な象徴体系によって表現され、その象徴体系を理解する過程はそれぞれ固有の儀礼を持つ位階で区分されていた。

黄金の夜明け団の位階制度は、内部的に分割された三つの団に分配されていた。第1団が「黄金の夜明け団」であり、下位からニオファイト、ジェレーター、セオリカス、プラクティカス、フィロソファスの5位階からなる。第2団は「ルビーの薔薇と金の十字団」で、アデプタス・マイナー、アデプタス・メイジャー、アデプタス・イグゼンプタスの3位階からなる。第3団は「秘密の首領」で、マジスター・テンプリ、メイガス、イプスマスの3位階からなる。これらの位階のうち、最初のニオファイトを除く10位階は**カバラ**の**生命の木**に対応している。ジェレーターが最下位のマルクト（王国）、イプスマスが最上位のケテル（王冠）である。また、第1団は団全体の外陣、ほかの2団は内陣とされる。

志願者はまず新参入者のためのニオファイト位階に属する。この位階は生命の木には対応していないが、とても重要で、ここで志願者は魔法名を与えられ、霊的諸力と接触する方法を学ぶという。その後、上位の位階の者に指導されながら、入門者は修行と学習を続けて順次位階を上っていく。ただ、現実的にはアデプタス・マイナーが最高位で、一般会員にはそれ以上の上昇はなかった。団の創設者であるウェストコット、メイザース、ウッドマンはアデプタス・イグゼンプタス位階に属するが、これは名誉位階のようなものだった。第3団「秘密の首領」は霊的存在だけが到達できる位階であり、肉体を持つ人間には到達不可能とされた。

黄金の夜明け団の位階と生命の木

黄金の夜明け団は内部的に「黄金の夜明け団」「ルビーの薔薇と金の十字団」「秘密の首領」の3団体に分かれ、その位階はカバラの生命の木のセフィロトに対応していた。

黄金の夜明け団全体

第3団　秘密の首領

位階	対応セフィロト
イプスマス	1) ケテル
メイガス	2) コクマ
マジスター・テンプリ	3) ビナー

第2団　ルビーの薔薇と金の十字団

位階	対応セフィロト
アデプタス・イグゼンプタス	4) ケセド
アデプタス・メイジャー	5) ゲブラー
アデプタス・マイナー	6) ティファレト

第1団　黄金の夜明け団

位階	対応セフィロト
フィロソファス	7) ネツァク
プラクティカス	8) ホド
セオリカス	9) イェソド
ジェレーター	10) マルクト
ニオファイト	入門者の位置

カバラの生命の木

1 ケテル（王冠）
2 コクマ（知恵）
3 ビナー（理解）
4 ケセド（慈悲）
5 ゲブラー（公正）
6 ティファレト（美）
7 ネツァク（勝利）
8 ホド（栄光）
9 イェソド（基礎）
10 マルクト（王国）

入門者の位置
ニオファイト
（生命の木には属さない）

志願者はまず新参入者のための**ニオファイト**位階で魔法名を与えられ、霊的諸力と接触する方法を学ぶ。その後、上位の位階の者に指導されながら、修行と学習を続けて順次位階を上っていく。

関連項目
- 黄金の夜明け団→No.096
- ヘルメス魔術→No.014
- カバラ→No.042
- 生命の木→No.043

No.098
新魔術の創造者マグレガー・メイザース

マグレガー・メイザースは黄金の夜明け団の儀式魔術の大半を一人で作り上げただけでなく、魔術書『ソロモン王の鍵』初の英訳版も出版した。

●傲慢すぎた黄金の夜明け団の中心人物

　マグレガー・メイザース（1854年〜1918年）は魔術結社「**黄金の夜明け団**」の中心的魔術師である。本名はサミュエル・リデル・メイザース。ロンドン生まれだが、若い頃はボーンマスに住んでいた。その頃、神秘思想に夢中になり、1882年に「英国薔薇十字教会」に入会した。その後、自分のルーツはスコットランド貴族だという血統妄想を抱き、グレンストラ伯爵のマグレガーを名乗った。母が亡くなった1885年、ロンドンに引っ越し、大英博物館やパリのアルスナル図書館の資料を渉猟し、本格的に神秘主義と魔術の本を執筆し始めた。1887年に自らの著作『ベールを脱いだカバラ』を、1889年には『**ソロモン王の鍵**』の決定版というべき初の英訳版を、1898年にはアルスナル図書館で発見した『術士アブラメリンの聖なる魔術書』をヘブライ語から英訳出版した。また、1903年に『**ソロモン王の小さな鍵**』の第1章『ゲーティア』の英訳を出版した。

　ウェストコット、ウッドマンとともに黄金の夜明け団を設立したのは、1888年だった。その直後、ウッドマンは死んだので、組織はウェストコットとメイザースが主導した。この頃、メイザースは黄金の夜明け団の儀式や教材の大半を一人で書き続けた。その功績は大きく、これによってカバラ、タロット、錬金術、占星術、占い、**フリーメーソン**のシンボリズムなど、西洋の魔術伝統の複雑な要素が、黄金の夜明け団の一貫性ある魔術体系として構築された。しかし、性格が傲慢だったので、ほかのメンバーと争いが絶えなかった。1897年、メイザースはウェストコットを追放し、教団の実権を握ったが、1900年には今度は彼自身が追放されてしまった。メイザースはその後アルファ・オメガ（$A \therefore O \therefore$）という新しい魔術結社を作ったが、黄金の夜明け団の再統一は実現しなかった。

メイザースのプロフィール

| マグレガー・メイザース | | ・「黄金の夜明け団」の魔術体系を作った中心的魔術師。 |

メイザースの足跡

誕生
1854年にロンドンで生まれる。本名はサミュエル・リデル・メイザース。

英国薔薇十字教会に入会
若くして神秘思想に夢中になり、1882年に「**英国薔薇十字教会**」に入会。

血統妄想を抱く
ルーツはスコットランド貴族だと妄想を抱き、グレンストラ伯爵の**マグレガー**を名乗る。

魔術書執筆時代
1885年以降、大英博物館やパリのアルスナル図書館の資料を渉猟し、本格的に魔術書の執筆と翻訳を行う。

黄金の夜明け団
1888年、ウェストコット、ウッドマンとともに**黄金の夜明け団を設立**。黄金の夜明け団の魔術体系を一人で作り上げる。

内紛時代
・1897年、ウェストコットを追放し、教団の実権を握る。
・**1900年**、彼自身が**追放される**。

アルファ・オメガ設立
黄金の夜明け団追放後、魔術結社**アルファ・オメガ**（**A∴O∴**）を作る。

死去
1918年、パリで死去。

関連項目
●黄金の夜明け団→No.096
●『ソロモン王の鍵』→No.041
●『ソロモン王の小さな鍵』→No.080
●フリーメーソン→No.088

No.099
20世紀魔術の巨星アレイスター・クロウリー

20世紀最大の魔術師クロウリーは、『法の書』や『第4の書』を書き上げ、魔女宗、悪魔教会などの現代の魔術運動にも大きな影響を与えた。

●20世紀最大の魔術師

　アレイスター・クロウリー（1875年〜1947年）は有名な**トート・タロット**の考案者としても知られる魔術師である。現代フランスのオカルティスト、オベール・アマドゥーは彼を「20世紀最大の魔術師」と評価し、1920年代の大衆紙は「世界一の邪悪な人物」と形容した。イングランドのウォリックシャー州レミントンで生まれたが、それは**エリファス・レヴィ**が亡くなった年で、クロウリーはレヴィの生まれ変わりだともいわれた。

　父は裕福な醸造業者で、クロウリーはケンブリッジ大学で学んだ。魔術に興味を持ち、1898年に大学を出るとすぐに**黄金の夜明け団**に入り、ブラザー・ベルドゥラーボ（「我耐え忍ばん」）と襲名した。当初は**メイザース**の献身的な弟子だった。しかし、彼は同性愛者だという噂があり、彼の入団を巡って団内は混乱した。そして、教団が分裂の危機にあるとき、彼はメイザースの全権代理として、教団の文書や魔術道具を差し押さえようとした。その結果、メイザースと同じく1900年にクロウリーも黄金の夜明け団を追放された。その後はメキシコ、インドネシア、セイロンなどで魔術理論を深めた。旅の途中、横浜にも立ち寄ったという。

　1904年に『法の書』を書いてセレマという新しい宗教の原理を打ち立てると、1907年に白銀の星団（A∴A∴）という自分の魔術教団を作り、1912年にドイツの東方聖堂騎士団（O.T.O）の英国部長になった。そして、性魔術に傾倒するようになった。

　1947年、クロウリーは赤貧状態でイングランドで亡くなったが、現代の魔術運動にも大きな影響を残した。その影響を受け活躍した魔術師として魔女宗を興したジェラルド・ガードナー、悪魔教会のアントン・サンダー・ラヴェイなどがいる。

アレイスター・クロウリーのプロフィール

アレイスター・クロウリー
- 20世紀の最も悪名高き魔術師。
- 『法の書』『第4の書』の著者。
- トート・タロットの考案者。

クロウリーの足跡

「黄金の夜明け団」以前	・1875年イングランドのウォリックシャー州で生まれる。 ・1898年、ケンブリッジ大学を卒業。
「黄金の夜明け団」時代	・1898年、大学卒業後すぐに黄金の夜明け団に入団し、メイザースの忠実な弟子として活動。 ・1900年、メイザースとともに黄金の夜明け団を追放される。
「黄金の夜明け団」追放後	・メキシコ、インドネシア、セイロンなどで魔術理論を深める。 ・1904年、**『法の書』**を書く。妻のローズ・ケリーにアイウスという霊が降り、クロウリーにこの書を書かせたという。 ・1907年、魔術教団「**白銀の星団**」(A∴A∴)を設立。 ・1909年、雑誌『エクイノックス』の出版を始める。 ・1912年、ドイツの**東方聖堂騎士団**(O.T.O)の英国部長になり、性魔術に傾倒する。 ・1944年、タロット解説書『トートの書』の挿絵として、**トート・タロット**を発表。
死去	晩年は不幸な放浪者となり、1947年にイングランドで死亡。

クロウリーが与えた影響

- 魔女宗ウィッカの設立者ジェラルド・ガードナーは東方聖堂騎士団員でクロウリーを尊敬していた。
- アントン・サンダー・ラヴェイはクロウリーの精神を受け継いで悪魔教会を設立した。

用語解説／関連項目
- トート・タロット→1944年に発表されたクロウリーのタロット解説書『トートの書』の挿絵として載せられていたタロット・カード。1969年にカード化された。
- タロット→No.085
- 黄金の夜明け団→No.096
- エリファス・レヴィ→No.092
- メイザース→No.098

第4章●魔術の新時代

No.100 魔女宗ウィッカ

民俗学者マーガレット・マレーや魔術師アレイスター・クロウリーに心酔したジェラルド・ガードナーによって魔女宗ウィッカは作られた。

●古代異教の信仰を伝える魔女宗

　魔女宗ウィッカは1950代に英国で誕生した新興宗教である。

　創設者であるジェラルド・ガードナー（1884年～1964年）はイングランド生まれで、生涯の大半を東南アジアなどでゴム栽培業者として過ごした。1937年に英国に移住した彼は**心霊主義**、東洋神秘主義、**フリーメーソン**思想などに興味を持ち、**アレイスター・クロウリー**の著作やマーガレット・マレー（1863年～1963年）の思想に心酔した。彼はクロウリーの東方聖堂騎士団（O.T.O）のメンバーでもあり、クロウリーに自分のための妖術の儀式を作ってくれるよう依頼したこともあった。やがて、彼は魔女狩り時代のヨーロッパで悪魔を崇拝する魔女として処刑された人々は実は古代異教の信者であり、何世紀もの間キリスト教の迫害を生き延びてきた人々だったと信じるようになった。彼が心酔したマレーによれば、**魔女**たちが崇拝したのは「角の生えた神」と異教の自然崇拝の偉大な女神だったからだ。そして、ガードナーは彼自身が1939年にニューフォレストで魔女の集団に遭遇し、入信したと語るようになった。1954年には『今日の妖術』という本を出版し、魔女集団について公にした。すると、この本に書かれているような魔女になりたいという人々が集まってきた。

　ここに誕生した魔女宗の信者はグループごとに行動した。魔女たちは「カヴン」と呼ばれる13人で構成される小グループに分かれており、それを女性の大祭司が指導した。入門すると一人一人が『影の書』という何も書かれていない魔術書を渡された。カヴンに入会した後で呪文、儀式、歌などそこで学んだことを自分で記録するのだ。当然、いろいろな版の『影の書』が存在することになったが、ウィッカの最初期からの信者であるドリーン・ヴァリアンテのものがとくに有名である。

魔女宗ウィッカの基本

魔女宗ウィッカ
・1950年代に英国で誕生した魔女教団。
・創設者はジェラルド・ガードナー。

ジェラルド・ガードナー →
・魔女宗ウィッカの創設者。
・1884年生まれ。心霊主義、東洋神秘主義、フリーメーソン思想などに興味を持ち、アレイスター・クロウリーの著作やマーガレット・マレーの思想に心酔。
・ヨーロッパの魔女は古代異教の信者で、何世紀もの間キリスト教の迫害を生き延びた人々だと信じる。

1954年、『今日の妖術』という本を出版。
これが評判になり、魔女宗ウィッカが創設される。

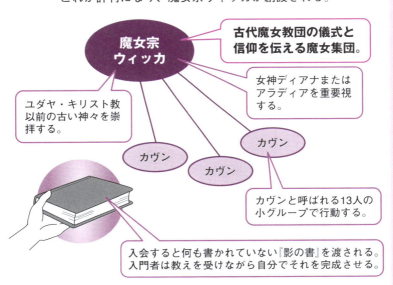

魔女宗ウィッカ — **古代魔女教団の儀式と信仰を伝える魔女集団。**

- ユダヤ・キリスト教以前の古い神々を崇拝する。
- 女神ディアナまたはアラディアを重要視する。
- カヴンと呼ばれる13人の小グループで行動する。
- 入会すると何も書かれていない『影の書』を渡される。入門者は教えを受けながら自分でそれを完成させる。

関連項目
- 心霊主義→No.093
- フリーメーソン→No.088
- アレイスター・クロウリー→No.099
- 魔女→No.034

No.101
悪魔教会

人々が社会の権威や近代科学、物質主義などに疑問を感じていた時代に、反権威主義を魔術の目的にした悪魔教会が生まれ、勢力を拡大した。

●人間の欲望の解放を目指した魔術教団

　悪魔教会は1966年、アントン・サンダー・ラヴェイ（1930年～1997年）によってサンフランシスコで設立された。ラヴェイは本名ハワード・スタントン・リーヴィーでシカゴに生まれた。高校を中退後にオカルトを学び、1960年代に黒魔術師としてサンフランシスコで有名になった。そして、悪魔教会を設立した。それが一気に有名になり、勢力を持つようになったのは、ラヴェイの著作『悪魔の聖書』が1970年に出版されてからだった。本の表紙には角の生えた山羊である「バフォメットの紋章」が使われており、いかにも悪魔的な本としてマスコミや人々の注目を集め、大ベストセラーになった。ラヴェイは過去の魔術師を高く評価していなかったが、本を書くにあたってはアレイスター・クロウリーなどを大いに参考にした。

　しかし、悪魔教会はいわゆる悪魔を崇拝するわけではなかった。ラヴェイにとっての悪魔とはキリスト教、社会の権威、合理主義、物質主義、科学などをすべて否定するものの象徴だった。つまり、悪魔とは自然に内在する隠された力であり、人間の欲望だった。キリスト教では情欲・高慢・大食などは七つの大罪に数えられるが、ラヴェイにとってそれは美徳だった。だが、ヒューマニズムでもなかった。悪魔教会にはヒューマニズムにはない儀式と教義が存在した。『悪魔の聖書』にそれが書かれていた。

　1972年、ラヴェイは『悪魔の聖書』の続編として『悪魔の儀式』を出版した。前作には不足していた悪魔教会の儀式を集めた本で、「サタンの聖書の手引き」と副題があった。内容はほぼ全編が魔術儀式に関するもので、悪魔教会の九つの儀式について細かい説明があった。**グノーシス主義**、**カバラ思想**、**ヘルメス主義**、**フリーメーソン思想**などをまとめたものだが、**ラヴクラフト**の影響もあるとラヴェイ自身が認めていた。

悪魔教会とは何か？

悪魔教会 ➡ ・1966年にアメリカで設立された魔術教団。
・欲望解放の原理として悪魔を崇拝する。

創設者はアントン・サンダー・ラヴェイ

1930年、シカゴ生まれ。
1960年代にサンフランシスコで黒魔術師として有名になる。
1966年、サンフランシスコで悪魔教会を創設。

『悪魔の聖書』

1970年に出版され、悪魔教会を有名にする。

『悪魔の聖書』の表紙のバフォメット。いかにも悪魔的な本として大ベストセラーに。

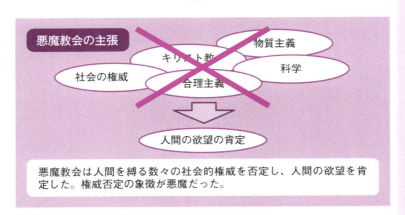

悪魔教会の主張

キリスト教　物質主義　社会の権威　科学　合理主義

⬇

人間の欲望の肯定

悪魔教会は人間を縛る数々の社会的権威を否定し、人間の欲望を肯定した。権威否定の象徴が悪魔だった。

用語解説／関連項目
- ラヴクラフト→アメリカの怪奇作家ハワード・フィリップス・ラヴクラフト（1890年～1937年）。クトゥルフ神話という架空の神話体系の生みの親として有名。
- グノーシス主義→No.011
- カバラ思想→No.042
- ヘルメス主義→No.014
- フリーメーソン思想→No.088

索引

英数字

A・E・ウェイト 182, 204
W・B・イェイツ 200, 204

あ

アーサー・エドワード・ウェイト 182, 204
アーサー・マケン 204
アイオーン 28
愛染明王法 144
『愛と幸運の好事家の館』 176
愛のリンゴ 72
アヴィセンナ 99
アウグスティヌス 14, 68
暁の星 204
悪魔 68, 76, 86, 88, 172, 180
悪魔教会 210, 214
『悪魔の儀式』 214
『悪魔の聖書』 214
『悪魔の偽王国』 172
悪魔祓い 58, 60, 62
アグリッパ
 .... 82, 156, 158, 160, 162, 164, 166, 170
蘆屋道満 140
アスクレピオス 40
アストラル 196
アストラル・マジック 108
『アストロノミカ』 44
アスモデウス 88
アバトン 40
アバノのピエトロ 108, 170
アブラハム 104
アブラメリン魔術 204
アプレイウス 20, 50
安倍晴明 116, 138, 140
アメジスト 70
アラビア 8, 58, 70, 98, 102, 110
新御子神 142
アリストテレス 66
アル・ラージー 98
アルカナ・マグナ 182
アルカナ・ミノル 182
アルカヘスト 102
アルコール 98
アルコーン 28
アルジャーノン・ブラックウッド 204
アルス・アルマデル 173
アルス・テウルギア・ゲーティア 173
アルスナル図書館 208
アルス・ノートリア 173
アルス・パウリナ 173
アルテミドロス 52
アルファ・オメガ 204, 208
アルベルトゥス・マグヌス
 .... 66, 70, 90, 100, 158
アル・マジューリーティー 108
『アルマデルの術』 90
アルマナック 168
アル・ラージー 104
アレイスター・クロウリー
 .... 92, 130, 132, 167, 204, 210, 212, 214
アレクサンダー・セトン 100
アレクサンドリア 36, 38, 44, 98
アレクサンドリアのフィロン 96
アレンビック 38
安期生 124
暗号 96
按手 62
アントン・サンダー・ラヴェイ 210, 214
アンナ・シュプレンゲル 204
イアンブリコス 32
イェイツ 200, 204
イエス 30, 60, 62, 64
硫黄 66, 98, 102
いざなぎ流 138, 140, 142
イシス 20
イシス=オシリス密儀 14, 20
飯綱の法 148
陰 117, 126
印契 144
インダギネのヨハネ 176, 178
ヴァジュラバイラヴァ 136
ヴァレンティン・アンドレーエ 184
ウィッチ 72
ウィリアム・アレクサンダー・アイトン 202
ウィリアム・ウィン・ウェストコット
 .... 200, 204, 206, 208
ウィリアム・ロバート・ウッドマン
 .... 204, 206, 208
ヴィルヌブのアルノー 100
ウェストコット 200, 204, 206, 208
ヴェルソン・ド・ラ・コロンビエール 176
丑の刻参り 138
ウジャト 12
宇宙 28, 114, 194
宇宙エネルギー 112, 134, 154
宇宙観 8
宇宙流体 194
ウッドマン 204, 206, 208
ウロボロス 28
運勢判断 72
英国薔薇十字教会 208
瀛州 122
エーテル 196
易 112, 114, 118
『易経』 118
エクソシスト 62
エジプト 12, 20
エドワード・ケリー 166
エドワード1世 74
エドワード・ブルワー=リットン ... 202, 204
エノキアン・マジック 167

エノク語	166
エノク魔術	166, 204
エピダウロス	40
エメラルド板	34, 100
エラスムス	162
エリキサ	98, 102
エリクシル	192
エリクト	50
エリファス・レヴィ	92, 188, 194, 196, 198, 204, 210
エレアザール	96
エレウシス密儀	14, 18
円珍	144
エンドル	82
エンドルの巫女	48
円仁	144
役小角	148
『黄金伝説』	30
黄金の夜明け団	82, 94, 156, 166, 182, 184, 200, 202, 204, 206, 208, 210
『黄金のロバ』	20, 50
黄金変成	98, 100, 102, 104, 166, 184, 192
大峯山	148
オカルト	200
『オカルト哲学』	82, 158, 160, 170
『オカルト哲学第4の書』	170
奥駆け	148
御先様	142
オシリス	12, 20
オスタネス	54
『オデュッセイアー』	48, 50
オベール・アマドゥー	210
オラクル	46
オリゲネス	68
オルペウス	16
オルペウス教	16
オルペウス密儀	14
陰陽師	116, 138, 140
陰陽道	112, 138, 140, 142, 148
陰陽博士	140
陰陽寮	138, 140
陰陽	112, 116, 118
陰陽五行	112, 116, 120
陰陽説	116, 140

か

カール・ケルナー	130
外気功	128
外丹法	124
カヴン	212
『化学の結婚』	184, 186
郭撲	120
『影の書』	212
加持祈祷	138, 144, 146
カスタリアの泉	46
華佗	126
葛洪	124
カニディア	50
カニングマン	72
カバラ	58, 82, 92, 94, 96, 156, 158, 160, 166, 182, 184, 196, 200, 214
カフナ	152
カリオストロ伯爵	188, 190, 192
カルマ・ヨーガ	133
観額術	174
歓喜母法	144
感染呪術	56
感染の法則	56
カンブレンシス	64
気	112, 114, 138, 140, 154
気功	128
儀式魔術	202
奇跡	30
鬼道	138
祈祷修法	144
魏伯陽	124
亀卜	118
旧約聖書	48, 82, 84, 86, 92, 96
キュベレ密儀	14
共感呪術	56
共感の法則	56
行気	126, 128
『今日の妖術』	212
キリスト教	8, 58, 60, 62, 64, 66, 68, 70, 72, 78
キルケー	48, 50
『金枝篇』	56
金丹	122, 124
空海	138, 144, 146, 148
九字法	148
孔雀明王	148
グノーシス	28
グノーシス主義	28, 30, 34, 98, 214
クリスチャン・ローゼンクロイツ	184, 186
『クレオパトラの金作り』	38
クレモナのゲラルド	100
『黒い雌鳥』	90, 171
クロウリー	92, 130, 132, 167, 204, 210, 212, 214
黒魔術	56, 80, 160, 164
黒魔術師	162, 214
黒ミサ	64
クンダリニー	130, 132, 134
敬愛法	144, 146
経穴	154
契約(悪魔との)	68, 164
経絡	154
ゲーテ	164
ゲーティア	172, 208
ゲオルク・アグリコラ	180
『気高き術』	90
解脱	130, 132, 134, 144
月桂樹	46
ゲマトリア	58, 82, 92, 96
ケルト	8, 58, 78
卦	118
ゲルマン人	80
ケロタキス	38
賢者の石	28, 102, 104, 190

玄武	120
験力	138, 148
幻惑魔法	30
爻	118
『光輝の書』	92
『鉱山書』	180
恒星天	22
『黄帝内経』	154
黄道十二宮	42, 44
高等魔術	14, 132, 156, 196
『高等魔術の教理と祭儀』	196
降霊術	48, 70, 192
降霊術師	82
ゴーラクナート	132
五行説	116, 140
五禽戯	126
護国修法	144
古神道	112
コスモス	28
五壇法	144
古典ヨーガ	132
護符	12, 72, 90, 108
『護符の書』	98
護摩	144, 146
護摩木	146
護摩壇	146
コンスタンチノープル	36, 38, 98
崑崙山	120, 122

さ

最澄	138, 144, 146, 148
催眠	194
サウル	48, 82
サタン	68
左道	130
サバト	76
サムエル	48
サムエル記	48
サルゴン2世	96
山岳修行	148
山岳信仰	138
サン・ジェルマン伯爵	188, 190, 192
サン・マルタン	196
『シークレット・ドクトリン』	201
シヴァ	130, 134
ジェームズ・フレイザー	56
ジェラルド・ガードナー	210, 212
『史記』	122
式神	142
『死者の書』	12
四神相応の地	120
自然信仰	112
自然魔術	66, 70, 158, 160, 170
地蔵菩薩法	144
七仏薬師法	144
死ねない男	190
シモン・マグス	30
ジャービル・イブン・ハイヤーン	98, 102, 104
シャーマニズム	198
シャクティ	130, 134
ジャック・エイマール	180
『周易参同契』	124
十字	60
十字軍	58, 100
『12の鍵』	104
修験道	112, 138, 142, 148
呪禁	140
呪禁道	138
呪殺	136
呪術	56
呪詛	138
呪詛林	142
シュタイナー	200
十界修行	148
『術士アブラメリンの聖なる魔術書』	208
呪文	72, 90
『小アルベール』	90, 171
小宇宙	34, 162
召喚	48, 90
召喚魔術	58, 62, 156, 170
小成の卦	118
小秘法カード	182
ジョージ・リプリー	104
女性原理	130
ジョン・ディー	156, 166
ジロラモ・カルダノ	174
真言	144, 146, 148
真言立川流	112, 130
『真正奥義書』	170
神仙思想	122, 124
神仙術	112
神託	46
神智学協会	200
人智学協会	200
神道	112, 142
新ピタゴラス主義	34
新プラトン主義	32, 34, 94, 98, 106, 156, 170, 188
新約聖書	30, 62
心霊主義	194, 198, 200, 202, 212
水銀	66, 98, 102, 124
スウェーデンボルグ	196, 198
騶衍	124
数秘術	24, 58, 82, 160, 166, 182
スカラベ	12
宿曜術	140
スコッチ儀礼	188
朱雀	120
ステファノス	38, 98
『スンマ・カイロマンティア』	178
静功	128
『聖刻文字のモナド』	166
聖人	60
聖水	60
筮竹	118
性魔術	130
生命の木	92, 94, 182, 206
青竜	120
聖霊の家	186
『セーフェル・イェーツィーラー』	92
『セーフェル・ゾーハル』	92

セフィラー ... 94
セフィロト ... 94, 182, 206
セフィロトの木 ... 92, 94
セレマ ... 210
仙術 ... 112, 122
占術 ... 114, 140
占星術 ... 8, 36, 42, 44, 58, 72, 106, 108, 162, 166, 174, 178, 182
占星術師 ... 42, 44, 106, 166, 168
占星術地理学 ... 44
『全世界の普遍的改革』 ... 184
先祖供養 ... 142
仙人 ... 114, 122, 124, 126
仙薬 ... 122, 124
増益法 ... 144, 146
相克 ... 116
相生 ... 116
『葬書』 ... 120
『創造の書』 ... 92, 94
雑蜜 ... 112, 148
息災法 ... 144, 146
ゾシモス ... 36, 38
ゾロアスター ... 54
ゾロアスター教 ... 54
ソロモン ... 58, 82, 86, 88, 90, 172, 190
ソロモン王の72悪魔 ... 172
『ソロモン王の大きな鍵』 ... 90
『ソロモン王の鍵』 ... 82, 88, 90, 108, 170, 172, 196, 208
『ソロモン王の剣』 ... 90
『ソロモン王の小さな鍵』 ... 90, 170, 172, 208
『ソロモン王の遺言』 ... 86, 88, 90

た

第一質料 ... 102
大威徳明王 ... 136
大威徳明王法 ... 144
大宇宙 ... 34, 162
『大奥義書』 ... 90, 170
大黒天神法 ... 144
『大小の覚え書きの書』 ... 98
大成の卦 ... 118
大日如来 ... 148
大秘法カード ... 182
大プリニウス ... 54
ダイモン ... 32
『第4の書』 ... 132
ダウジング ... 180
太夫 ... 142
タロット ... 182, 196, 204
『タロット図解』 ... 182
丹 ... 124, 126
誕生占星術 ... 42
男性原理 ... 130
タントラ ... 112, 130, 134
タントラ教 ... 130
タントリズム ... 130
丹薬 ... 122, 124
血 ... 10
チェスターのロバート ... 100

チベット密教 ... 136
チャールズ2世 ... 74
チャクラ ... 132, 134
中国医学 ... 154
中国魔術 ... 114
中世 ... 8
調伏法 ... 136, 144, 146
唾 ... 10
爪 ... 10, 56
ティアナのアポロニウス ... 26
ディオニュソス ... 16
ディオニュソス教 ... 16
ディオニュソス密儀 ... 14
ティオフィルス ... 68
テオセベイア ... 38
デカン ... 88
手相術 ... 178
『手相術』 ... 176, 178
『手相術概論』 ... 178
哲学者の石 ... 102
『テトラビブロス』 ... 44
デミウルゴス ... 28
テムラー ... 92
デメテル ... 18
デルポイ ... 46
デルポイの神託 ... 46
テレステリオン ... 18
天界術 ... 58, 108, 160
天使 ... 160, 166, 172
天使語 ... 166
天文道 ... 140
天文博士 ... 140
導引 ... 126, 128
『導引図』 ... 126
道教 ... 126, 140, 148
動功 ... 128
動物磁気 ... 194, 196, 198
東方聖堂騎士団 ... 130, 210, 212
東洋魔術 ... 8, 112
トート・タロット ... 210
ドニ・ザシェール ... 100
トマス・アクィナス ... 100, 106
ドミティアヌス ... 42
塗油 ... 62
ドリーン・ヴァリアンテ ... 212
トリテミウス ... 160, 166
取り分け ... 142
度脱 ... 136
ドルイド ... 78
ドルイド教 ... 58, 78
ドルジェタク ... 136
トレヴィのレオナルド ... 104
トレド ... 64, 110

な

内気功 ... 128
内丹法 ... 122, 124, 126, 128
七つの天 ... 28
名前 ... 10
ニオファイト ... 206
ニコラ・フラメル ... 100, 104, 110

人形 10
人相術 176
『人相術』 176
『人相術大要』 176
ネロ 30, 42
ノストラダムス 168
ノタリコン 92

は

歯 10, 56
ハーグレイブ・ジェニングス 202
バースのアデラード 100
ハーリド・ブン・ヤズィード 98
パールヴァティー 130
ハイズビル事件 198
『バガバッド・ギーター』 132
白銀の星団 210
バケ 194
バシリウス・ヴァレンティヌス 104
ハタ・ヨーガ 130, 132, 134
パタンジャリ 132
八卦 118
バフォメットの紋章 214
パラケルスス
..... 102, 156, 158, 162, 164, 184, 196, 198
薔薇十字団
..... 156, 162, 184, 186, 188, 200, 202, 204
『薔薇十字団の告白』 184
『薔薇十字団の伝説』 184, 186
バラモン 26
バルトロメオ・コクレ 176
パンフィエレ 50
ピーター・デビッドソン 202
ヒーラー 26, 152
ヒーリング 112, 152
『ピカトリクス』 108, 160
ピコ・デラ・ミンドラ 156
秘蹟 62
ピタゴラス 14, 16, 24, 26, 54
ピタゴラス学派 24, 26
ピタゴラス教団 24
ピタゴラス主義 24
ビバリー・ランドルフ 202
ヒプノティズム 194
卑弥呼 138
秘密結社 184
媚薬 72
『百詩篇集』 168
白虎 120
ピュティア 46
憑依 142
病気治療 72
病気治し 40, 58
ヒラム・アビフ 188
『ファウスト』 158, 164
ファウスト伝説 164
ファウスト博士 68, 158, 164
『ファルサリア』 50
フィチーノ 32, 108, 156
フィロストラトス 26
風水 112, 114, 120, 140

祓魔師 62
不動明王 148
プトレマイオス 44, 106
フナ 152
普遍博士 66, 70
ブラヴァツキー 200
ブラザー・ベルドゥラーボ 210
プラトン 14, 32, 54
ブラム・ストーカー 204
フラメル 100, 104, 110
フリーメーソン
..... 156, 184, 188, 190, 192, 204, 212, 214
ブルワー＝リットン 202, 204
不老不死 102, 122, 124, 126
プロクロス 32
プロティノス 14, 32
幣 142
平安京 120
『ベールを脱いだカバラ』 208
『ベールを剥がされたイシス』 200
辟穀 126
ペテロ 30
『ヘプタメロン』 170
ヘブライ語 72, 82, 96
ベリル 66, 70
ペルシア 22, 54
ベルゼブブ 88
ペルネル 104
ヘルメス主義
..... 8, 28, 34, 36, 42, 156, 158, 160, 182, 196, 204, 214
ヘルメス・トリスメギストス 34, 38, 100
『ヘルメス文書』 34, 156
ヘレナ・ペトロヴナ・ブラヴァツキー 200
ベロサス 42
ヘンリー・スティール・オールコット 200
棒占い 180
方士 122
方丈 122
宝石 66, 70
房中術 126
『法の書』 210
『抱朴子』 124
蓬莱 122
北欧魔術 58
星 66, 70, 174
星の光 196, 198
『ホノリウス教皇の魔道書』 90, 170
ホメロス 48
ホラティウス 50
ホロスコープ 42, 166

ま

マーガレット・マレー 212
マギ 54
マグレガー・メイザース
..... 92, 167, 202, 204, 206, 208, 210
マクロコスモス 34, 42, 196
まじない 72
魔術 56

魔術師
... 54, 76, 78, 82, 158, 166, 190, 196, 200, 202
魔術書
....52, 62, 80, 82, 86, 88, 90, 108, 156, 158, 160, 170, 172
『魔術のアルバテル』..............................170
魔女...48, 50, 64, 68, 76, 80, 108, 178, 212
魔女狩り..64, 212
魔女宗ウィッカ...212
マナ..112, 150
マニリウス.. 44
魔除け.. 90
マリアン... 38
マルシリオ・フィチーノ 32, 108, 156
マンドラゴラ..72
ミイラ... 12
ミカエル..86, 88
ミクロコスモス........................34, 42, 196
巫女... 46
ミサ...60, 64
ミシェル・レスコ....................................176
ミスラ...22
密儀... 18, 20
密儀宗教................................... 8, 14, 156
密教.....112, 136, 138, 142, 144, 146, 148
密教魔術..112
ミトラ... 22
ミトラ教... 22
ミトラ密儀.. 14, 22
民間魔術師..72
民俗信仰..112
ミンドラ..92
メイザース
.... 92, 167, 202, 204, 206, 208, 210
メスメリズム 194, 196
メスメル 194, 196, 198
メデイア..50
薯..118
メルカバ..92
メンデスのボルス................................... 36
毛髪.. 10, 56
モーセ...82, 84, 86
『モーセ第8の書』.....................................82
『モーセ第6・第7書』..............................171
物部村..138, 142
モリアン..98
文殊菩薩..136

や

家祈祷..142
ヤコブ・ベーメ 196
山伏..148
ユダヤ...8, 58, 82, 84, 86, 88, 90, 92, 94, 96
夢...52
『夢判断の書』..52
陽... 117, 126
ヨーガ..112, 132
『ヨーガ・スートラ』....................................132
ヨーハン・ヴァイヤー 172
予言... 46, 168
預言者... 48

予言者... 168
予言の三脚台 46
ヨセフス.. 86

ら

ラージャ・ヨーガ................................... 132
ライムンドゥス・ルルス............................ 100
ラヴクラフト..214
羅経.. 120
巒頭派... 120
理気派... 120
李少君..124
リヒトハウゼン...................................... 100
龍穴.. 120
劉向..124
龍脈.. 120
輪廻転生 16, 26, 78, 132
類感呪術..56
類似の法則..56
瘰癧さわり..74
ルーン文字..58, 80
ルカヌス..50
ルキウス... 20
ルクソール・ヘルメス主義同胞団............ 202
霊... 94, 160
霊魂..16, 134
霊能者... 166
霊媒師... 198
レヴィ...... 92, 188, 194, 196, 198, 204, 210
暦道... 140
暦博士... 140
レビヤタン.. 88
『レメゲトン』..............................90, 170, 172
錬金術
....28, 34, 36, 38, 58, 66, 70, 98, 100, 102, 104, 108, 124, 162, 166, 182, 184, 188, 190, 192
錬金術師... 34, 36, 38, 66, 98, 100, 102, 104
錬金術書...38, 98
『錬金術の化合物』................................. 104
『錬金術の精髄』.................................... 104
煉丹術.......................... 112, 122, 124, 126
炉.. 146
ロイヤル・タッチ..74
ローゼンクロイツ............................ 184, 186
ローゼンクロイツァー........................... 186
『ローマ典礼儀式書』..................................62
六字経法.. 144
六十四卦..118
ロジャー・ベーコン 100
ロッジ... 188, 190

わ

ワイズウーマン.................................72, 178
惑星...174, 178

参考文献

『魔術の歴史』 エリファス・レヴィ 著／鈴木啓司 訳　人文書院

『魔術の歴史』 J・B・ラッセル 著／野村美紀子 訳　筑摩書房

『魔術の歴史』 リチャード・キャヴェンディッシュ 著／栂正行 訳　河出書房新社

『黒魔術』 リチャード・キャヴェンディッシュ 著／栂正行 訳　河出書房新社

『妖術師・秘術師・錬金術師の博物館』 グリヨ・ド・ジヴリ 著／林瑞枝 訳　法政大学出版局

『魔法：その歴史と正体』 K・セリグマン 著／平田寛 訳　平凡社

『宗教と魔術の衰退』（上・下） キース・トマス 著／荒木正純 訳　法政大学出版局

『占星術の誕生』 矢島文夫 著／日本オリエント学会 監修　東京新聞出版局

『ミトラの密儀』 フランツ・キュモン 著／小川英雄 訳　平凡社

『西洋占星術の歴史』 S.J.Tester 著／山本啓二 訳　恒星社厚生閣

『ヘルメス叢書7　魔術と占星術』 アルフレッド・モーリー 著／有田忠郎、浜文敏 訳　白水社

『デラックス99の謎　自然科学第4巻　星座と占星術』 サンポウジャーナル

『黄金のろば』（上・下） アプレイウス 作／呉茂一 訳　岩波書店

『錬金術の歴史：近代化学の起源』 E・J・ホームヤード 著／大沼正則 監訳　朝倉書店

『錬金術の起源』 M・ベルトゥロ 著／田中豊助、牧野文子 訳　内田老鶴圃

『錬金術』 セルジュ・ユタン 著／有田忠郎 訳　白水社

『魔女と魔術の事典』 ローズマリ・エレン・グィリー 著／荒木正純、松田英 監訳　原書房

『世界で最も危険な書物―グリモワールの歴史』 オーウェン・デイビーズ 著／宇佐和通 訳　柏書房

『カバラ』 ロラン・ゲッチェル 著／田中義廣 訳　白水社

『カバラ：ユダヤ神秘思想の系譜』 箱崎総一 著　青土社

『図説日本呪術全書』 豊島泰国 著　原書房

『道教の本』 大森崇 編集　学習研究社

『呪術の本』 増田秀光 編集　学習研究社

『密教の本』 増田秀光 編集　学習研究社

『修験道の本』 大森崇 編集　学習研究社

『陰陽道の本』 大森崇 編集　学習研究社

『陰陽道　呪術と鬼神の世界』 鈴木一馨 著　講談社

『性と呪殺の密教　怪僧ドルジェタクの闇と光』 正木晃 著　講談社

『ルネサンスの魔術思想』 D・P・ウォーカー 著／田口清一 訳　平凡社

『フリーメイソンと錬金術』 吉村正和 著　人文書院

『薔薇十字団』 クリストファー・マッキントッシュ 著／吉村正和 訳　筑摩書房

『ルネサンスの神秘思想』 伊藤博明 著　講談社

『ルネサンスの知と魔術』 澤井繁男 著　山川出版社

『秘密結社』 セルジュ・ユタン 著／小関藤一郎 訳　白水社

『黄金の夜明け魔法大系5　英国魔術結社の興亡』 フランシス・キング 著／江口之隆 訳／秋端勉 責任編集　国書刊行会

『黄金の夜明け魔法大系1　黄金の夜明け魔術全書（上）』　イスラエル・リガルディー 編／江口之隆 訳／秋端勉 責任編集　国書刊行会

『黄金の夜明け魔法大系2　黄金の夜明け魔術全書（下）』　イスラエル・リガルディー 編／江口之隆 訳／秋端勉 責任編集　国書刊行会

『魔女の聖典』　ドリーン・ヴァリアンテ 著／秋端勉 訳・監修　国書刊行会

『神秘のカバラー』　ダイアン・フォーチュン 著／大沼忠弘 訳　国書刊行会

『Grimoires—A History of Magic Books』　Owen Davies 著　Oxford University Press

『Magic in the Middle Ages』　Richerd Kieckhefer 著　Cambridge University Press

『Greek and Roman NECROMANCY』　Daniel Ogden 著　Princeton University Press

『The Satanic Rituals／Companion to The Satanic Bible』　Anton Sandor LaVey 著　Avon

『The Satanic Bible』　Anton Sandor LaVey 著　Avon

F-Files No.048
図解　魔術の歴史
2015年3月13日　初版発行

著者	草野巧（くさの　たくみ）
本文イラスト	福地貴子
	ARCHITECTEUR /Shutterstock.com（p.7イラスト）
編集	株式会社新紀元社 編集部
	須田汎
DTP	株式会社インサイド
発行者	宮田一登志
発行所	株式会社新紀元社
	〒101-0054　東京都千代田区神田錦町1-7
	錦町一丁目ビル2F
	TEL：03-3219-0921
	FAX：03-3219-0922
	http://www.shinkigensha.co.jp/
	郵便振替　00110-4-27618
印刷・製本	株式会社リーブルテック

ISBN978-4-7753-1301-5
本書記事およびイラストの無断複写・転載を禁じます。
乱丁・落丁本はお取り替えいたします。
定価はカバーに表示してあります。
Printed in Japan